KB209751

소자본으로 결국 해내는
여성창업,
콘텐츠가
답이다!

소자본으로 결국 해내는 여성창업, 콘텐츠가 답이다!

부드럽고 섬세한 여성 리더십의 노하우

초 판 1쇄 2025년 01월 13일

지은이 최정화
펴낸이 류종렬

펴낸곳 미다스북스
본부장 임종익
편집장 이다경, 김가영
디자인 윤가희, 임인영
책임진행 이예나, 김요섭, 안채원, 김은진, 장민주

등록 2001년 3월 21일 제2001-000040호
주소 서울시 마포구 양화로 133 서교타워 711호
전화 02) 322-7802~3
팩스 02) 6007-1845
블로그 http://blog.naver.com/midasbooks
전자주소 midasbooks@hanmail.net
페이스북 https://www.facebook.com/midasbooks425
인스타그램 https://www.instagram.com/midasbooks

ⓒ 최정화, 미다스북스 2025, *Printed in Korea.*

ISBN 979-11-7355-032-4 03190

값 18,500원

※ 파본은 본사나 구입하신 서점에서 교환해드립니다.
※ 이 책에 실린 모든 콘텐츠는 미다스북스가 저작권자와의 계약에 따라 발행한 것이므로 인용하시거나 참고하실
  경우 반드시 본사의 허락을 받으셔야 합니다.

미다스북스는 다음세대에게 필요한 지혜와 교양을 생각합니다.

소자본으로 결국 해내는 여성창업, 콘텐츠가 답이다!

최정화 지음

부드럽고 섬세한 여성 리더십의 노하우

미다스북스

프롤로그

✦

먼 길을 돌아 지금 이곳에 잠시 머물고 있다. 자발적으로 '기분 좋은 방황'을 하는 나에게 이렇게 이야기한다.

"지금까지 잘해 왔으니 걱정하지 말고 '기분 좋은 방황'을 즐기자."

자리가 사람을 만든다는 이야기가 있다. 그 말처럼 사장이 되어 사업가로 변모하고 있다. 처음에는 거래 명세표도 제대로 처리하지 못했다. 사업가의 원초적인 본능만 있었을 뿐 사업을 어디서도 배워 본 적이 없었다. 사업 12년 차, 이제 나는 누가 봐도 사장이다. 상품이 되는 물건을 개발하니 콘텐츠라 불렸다. 열심히 뭔가에 집중한 결과물인데 사람들은 '주문'이라는 걸 한다. 시장 조사도 없이 예산이 뭔지도 모르고 무조건 만들었다. 엄청나게 생산했다. 뭐가 뭔지도 모르게 하루하루 홀린 사람처럼 연구원들과 개발에 몰입했다.

교육기관에서 10년을 원장으로 일했던 경험에 직관이 더해져 아이들을 가르치는 현장에서 꼭 필요한 콘텐츠라는 확신만 있었다. 다른 경영적인 전략은 없었다. 회사의 구조도 알지 못했다. 사업하면 안 되는 사람의 요

소자본으로 결국 해내는 여성창업, 콘텐츠가 답이다!

건을 두루 갖췄다. 그럼에도 꼼지락거리며 교재와 교구를 개발하고 이를 활용해 아이들을 가르치는 일이 세상에서 가장 행복했다.

헛똑똑이였던 나는 이제 누가 봐도 사업가다. 분명히 자리가 사람을 만들어 간다. 좋아서 만든 콘텐츠를 팔아야 했기에 소비자를 직접 만나러 전국으로 찾아다녔다. 또 내가 다 팔 수 없었기에 대신 팔 줄 사람을 찾은 것이 전국 유통 총판이었다. 법인이다 보니 갖추어야 할 구조적인 이슈가 많았기에 경영 전략실을 만들었고 콘텐츠가 모두 내 자식 같아서 공장과 물류를 모두 소중하게 품고 있는 나는 뒤죽박죽 사장이다.

처음 3년은 무조건 시장에 내놓을 콘텐츠 개발을 끝내야 한다는 생각밖에 없었다. 어떠한 전략으로 마케팅하고 영업할 것인가에 대한 고민은 별로 해 본 적이 없다. 하지만 새롭게 내놓은 콘텐츠는 세상이 받아들이기에 너무 생소한 물건이었다. 원장들과 교사들의 피드백은 '좋은 건 알겠는데 어떻게 적용하고 활용할지는 모르겠다'라는 것이었다.

어느새 사업가로 12년 차다. 점점 고민이 깊어지는 가운데 헤세드에듀만의 경영 철학을 세워서 경영을 위한 영성의 길로 접어들고 있다. 팬데믹으로 모든 교육기관은 문을 닫았고 대규모 반품 사건과 함께 위기라고 느끼는 폭풍이 찾아왔을 때도 나는 경영자로서의 마인드가 부족했다. 어떻게 보면 작은 가게를 이끄는 자영업자 정도였다. 전략 없이 두렵기만 했다. 소중하게 금이야 옥이야 여겼던 연구실 직원들을 전면 권고사직했다. 연구를 지속할 때가 아니라는 생각이 먼저 들었다.

지금은 그들 모두 아웃소싱 형태로 전환하여 헤세드에듀와 계속해서 좋은 파트너로 일하고 있다. 또 다른 시스템으로 연구원과 디자이너들과도 함께 일한다. 마치 가장 똑똑한 자녀를 멀리 떠나보낸 것 같은 심정으로 연구실을 정리하고 나니 나의 정체성이 완전히 사라져 버린 느낌이었다. 홀로 남은 연구실에서 정신 나간 사람처럼 또 뭔가를 계속 만들기 시작했다. 다시 꼼지락거리다가 혼자 울고 웃으며 만들어 갔다.

고독의 굴속으로 들어가서 미친 사람처럼 만들었던 콘텐츠가 헤세드에듀의 또 하나의 베스트셀러가 되었다. 혼자 하다 보니 어느새 마우스를 잡을 수도 없이 손목 통증이 심하고 몸이 아프기 시작했다. 콘텐츠가 마무리될 무렵 코로나 한복판에서 다시 교육기관들을 방문하며 샘플과 브로슈어를 전달하기도 했다. 지금 생각해 보면 뭐라도 하지 않으면 미칠 것 같았던 마음 아픈 시절이었다. 한참 코로나로 온 나라가 숨죽인 때였다. 모르는 사람이 방문하면 바이러스 취급을 받는 시기였다. 하지만 몇 달 동안 매일매일 거의 500군데의 교육기관들을 방문하고 또 방문했다. 이대로 헤세드에듀가 끝나는 것만은 막아야 했기에 하루에 8시간씩 운전을 하며 돌아다녔다.

어느 추운 겨울 주차장에서 시동도 히터도 꺼 놓은 채 잠이 들었다. 한참 시간이 지난 뒤 겨우 몸을 일으켰는데 아찔한 기분이 들었다. 몸은 몹시 차가웠고 잘 움직일 수 없었다. 순간 두려운 마음이 들어 하염없이 눈물이 나왔다. 결국 한국에 와서 날품팔이가 되는 건가? 그러면서 한동안 펑펑 울었다. 무엇이 그리도 서러웠을까. 나는 콘텐츠를 만드는 사람이 아닌 듯해서 서러웠던 것 같다. 그렇게 추운 겨울이 지나 봄을 맞이한 나는 우아한 CEO로 다시 태어날 수 있었다.

그동안 책 쓰는 일이 왜 이리도 힘들고 용기가 필요했을까? '지금 이러고 있을 때가 아닌데. 회사 이슈도 많고 앞으로 헤쳐 나가야 할 일들이 산재해 있는데.'라는 생각이 들어서였다. 하지만 창업을 꿈꾸고 있는 누군가를 위해 용기를 내 본다. 나만을 위로하는 책이 아니라 급변하는 사업 환경에서 고군분투하고 있는 예비 사장님들과 새로운 도전을 앞둔 이들에게 오늘을 살아 낼 용기를 건네는 책이 될 것이라 확신한다.

목차

✦

1부

우아함을
달리 해석하라

(우아한 CEO의 성장 스토리)

세상은 밖에 있다

돌이켜 보면 나의 삶은 끊임없는 도전의 연속이었다. 남들이 가 보지 않은 길을 선뜻 선택하며 새로운 시도를 즐겼다. 호기심이 가득했던 학창 시절 나는 무모한 도전으로 유명했다. 누구도 말릴 수 없을 만큼 뻔한 길에는 흥미를 느끼지 못했고 남들이 미리 닦아 놓은 매끈한 길에는 관심이 없었다. 길이 보이지 않고 끝이 어디로 이어지는지도 모를 모험을 즐기며 늘 새로운 도전에 나섰던 호기심 많은 어린 시절을 보냈다.

한국에서 처음 전공으로 섬유디자인을 공부했다. 그 당시에는 취업도 잘되고 꽤 유망한 분야였다. 대부분이 물감이나 손을 사용해 디자인하던 시기였다. 그러던 중 내 눈에 들어온 것은 파란색 매킨토시 컴퓨터였다. 모두가 손으로 디자인하던 시대에 나는 과감하게 매킨토시 컴퓨터를 이용해 그래픽 프로그램으로 디자인 작업을 했고 그렇게 과제를 제출하곤 했다. 졸업작품 전시회 때는 모든 작품을 컴퓨터 그래픽으로 진행했다. 당시로써는 그 누구도 시도해 보지 않았던 혁신적인 일이었다.

졸업 후 나는 섬유 디자이너라면 누구나 꿈꾸는 남성복 전문 브랜드 니나리치에 입사하게 되었다. 디자인실에서 근무를 시작하면서 깐깐하기로 악명 높은 팀장님을 상사로 모시게 되었다. 회사 생활은 긴장의 연속이었고, 오늘은 또 무슨 이유로 혼날까 걱정하며 입술이 바짝바짝 마르는, 그야말로 광야를 헤매던 인고의 시절이었다. 어느 날 니나리치 디자인실에 혁신적인 컴퓨터 시스템과 고가의 이탈리아산 섬유 프린트 기계가 도입되었다. 막대한 투자가 이루어진 컴퓨터 시스템이었지만 이를 사용할 수 있는 내부 디자이너가 한 명도 없었다. 교육은 받았으나 모두가 컴퓨터로 작업하는 것을 두려워했고 여전히 손으로 그려 가며 디자인했다.

나는 아무도 관심을 두지 않고 배울 생각도 하지 않던 대학 시절부터 컴퓨터를 익혔고 컴퓨터 그래픽으로 졸업 작품 전시까지 했던 상황이라 '이제 드디어 나의 시대가 오는구나.'라고 생각했다. 나는 교육을 받은 후 더욱 자신감 있게 CAD 시스템으로 멋진 디자인을 해 나가기 시작했다. 입사한 지 얼마 되지 않은 완전한 신입 디자이너였지만 나의 역량을 마음껏 발휘할 수 있는 시간이 찾아온 것이었다.

소자본으로 결국 해내는 여성창업, 콘텐츠가 답이다!

어느 날, 니나리치 부사장님이 전체 미팅을 소집했다. 뉴욕 맨해튼에 있는 지점 사무실에 한국과 동일한 CAD 시스템이 대대적으로 도입되었다고 했다. 부사장님은 모두를 둘러보며 물었다. "누가 CAD 시스템을 가장 잘 다룹니까?" 모두가 서로를 쳐다보며 눈치만 보고 있었다. 팀장님부터 이 비싼 기계에 관심도 없었고 사용할 생각도 하지 않았기 때문이다. 나는 자신 있게 "제가 아주 잘 사용하고 있습니다."라고 대답했다. 그때의 차가운 시선들이 아직도 생생하다. 아직 생초짜 신입사원이 부사장님 앞에서 너무 당당하게 자신을 어필했기 때문이다. 그렇게 살얼음판을 걷는 고난의 회사 생활이 무빙워크처럼 펼쳐졌다.

다시 두 번째로 부사장님 주재의 미팅이 소집되었다. "지난번에 누가 CAD 시스템을 자신 있게 사용할 수 있다고 했나요? 출력물들을 한번 볼까요?" 나는 미움받을 각오를 하고 다시 용기를 내어 "네, 부사장님. 이런 디자인을 CAD로 진행했습니다."라고 대답했다. 부사장님은 매우 흐뭇하게 출력물들을 보시며 "자네, 뉴욕 맨해튼에 가서 근무할 수 있겠나?"라고 물으셨다. 순간 꿈인지 생시인지 믿어지지 않았지만 나는 여전히 자신 있게 "네, 어디든 보내 주시면 가겠습니다."라고 대답했다. 미국 뉴욕으로의 장기 출장은 신속하게 진행되었다. 그렇게 디자이너라면 꼭 가 보고 싶은 뉴욕 맨해튼에서의 꿈 같은 근무가 시작되었다.

뉴욕에서의 근무는 나에게 수많은 가능성의 연속이었다. 나는 한국에서 사용했던 것과 동일한 CAD 시스템을 활용해 디자인을 시작했다. 미국 디자이너들과 함께 일하면서 언어적인 어려움은 있었지만, 원활한 소통을 위해 열심히 배우고 연습했다. 그렇게 2년이 지났을 무렵 나는 섬유 디자이너라는 직업이 정말로 나를 가장 행복하게 하는 일인가에 대해 의문을 품기 시작했다. 어느 순간 일을 하는 내 자신이 더 이상 즐겁고 행복하지 않다는 사실을 깨달았다. 그러다 보니 조금만 일해도 금방 지치고 그로 인해 일에 관한 결과나 성과도 만족스럽지 않았다. 그즈음 나는 깊이를 알 수 없는 수면 아래로 서서히 가라앉고 있었다.

그때부터 나는 나 자신을 들여다보며 과연 내가 가슴 뛰고 좋아하는 일이 무엇일지 심각하게 고민하기 시작했다. 나 스스로에게 '내가 이 일을 평생 할 수 있을까?'라고 묻고 또 물었다. 하지만 여전히 자신이 없었다. 매일매일 회사 가는 일이 두렵고 부담스럽게 느껴졌다. 이렇게 날마다 깊이 고민하던 중 회사에서 홍보 책자를 만드는 프로젝트를 맡게 되었다. 회사를 알리고, 글을 쓰고, 편집하고, 브랜딩하는 일이었다. 나는 그런 일을 배운 적도, 해 본 적도 없었지만 그 일이 놀랍도록 쉽고 재미있게 느껴졌다. 밤을 새워 가며 일했는데도 전혀 피곤하지 않았다. 일을 재미있게 하다 보니 결과물도 매우 훌륭했다. 나의 첫 북 메이킹에 함께 일하던 동료들은 모두 놀라는 눈치였고 나 자신 또한 이러한 변화가 신기했다.

소자본으로 결국 해내는 여성창업, 콘텐츠가 답이다!

그때부터 나는 새로운 도전을 고민하며 실행하기 시작했다. 많은 사람이 부러워하는 미국 지사 근무였지만 나는 평생 가슴 뛰며 재미있게 할 수 있는 일을 찾고 싶었다. 그래서 과감하게 사직서를 제출했다. 부모님께서는 크게 반대하셨지만, 세계적인 북메이커가 되겠다는 나의 굳은 의지는 막을 수 없었다.

그 결정은 내 인생의 중요한 전환점이 되었다. 안정적인 직장을 떠나는 것이 두려웠다. 그러나 나의 진정한 열정을 찾아 떠나는 길에 대한 확신이 더 컸다. 그때부터 나는 책과 교구를 만드는 일에 몰두하기 시작했고 비로소 내가 평생 가슴 뛰며 할 수 있는 일을 찾게 되었다. 비록 도전과 실패의 연속이었지만 그 과정에서 진정한 나 자신을 발견하게 되었고 오늘도 세계적인 북메이커를 꿈꾸며 한 걸음씩 나아가고 있다.

남들이 가지 말라는 길에 성공이 있다

나는 다시 한번 안정된 둥지를 과감히 떠나 더 큰 세상을 향해 힘차게 날아오르기 시작했다. 니나리치를 그만두기로 결심했을 때 주변의 반응은 차갑기만 했다. "좋은 직장을 왜 그만두느냐."는 말로 모두가 만류했다. 하지만, 적성에 맞지 않는 일을 단지 안정적이라는 이유만으로 계속할 수는 없었다. 평생 사랑하며 할 수 있는 일을 찾겠다는 나의 열망은 아무도 꺾을 수 없었다.

주변의 많은 반대에도 불구하고 나는 흔들림 없이 오직 꿈을 향해 매일 나아갔다. 마인드맵을 활용해 내가 진정으로 하고 싶은 일을 구체적으로 브레인스토밍하기 시작했고 점점 더 명확한 목표를 세워 나갔다. 그러다 마침내 최적의 학교를 찾았다. 그것은 바로 미국 캘리포니아에 있는

California College of the Arts(CCA)였다. 샌프란시스코 베이 지역에 두 개의 캠퍼스를 둔 이 사립 대학교는 미술, 건축, 디자인, 문예 창작 등 예술 분야에서 유명한 학교였다. 나는 다른 학교는 생각하지 않고 오직 이곳에만 지원하기로 결심했다. 입학의 첫 관문은 포트폴리오 제출이었다. 이 작업은 상당한 전문성이 요구되었기 때문에 고민하던 중 먼저 전문대학교에 입학했다. 저렴한 비용으로 CCA 입학을 위해 필요한 모든 것을 준비할 수 있는 곳이었다.

입학 후 2년에 걸쳐 필요한 과목들을 이수하며 나만의 독창적인 포트폴리오를 완성했다. 미국 학생 중에는 합리적인 선택으로 고등학교 졸업 후 등록금이 비싼 4년제 대학에 바로 진학하기보다 우수한 전문대학에서 교양 과목이나 필수 과목을 수강하며 자신이 가고자 하는 대학과 전공을 구체적으로 준비한다. 나 역시 이러한 과정에서 언어 수업과 교양 과목을 듣고 카운슬러의 상담을 통해 필요한 정보를 얻으며 차근차근 준비해 나갔다.

2년여 동안 열심히 준비한 포트폴리오와 자기소개서를 갖추고 드디어 CCA에 지원했다. 지원한 지 일주일 후 학교로부터 연락이 왔다. 합격 통지서였다. 그 순간 얼마나 기뻤는지 마치 하늘을 나는 것만 같았다. 꿈에 그리던 학교에서 내가 좋아하는 분야를 공부할 수 있다는 생각에 그동안의 모든 고생과 노력이 한순간에 보상받는 기분이었다. 첫 수업이 있던 날

나는 무려 세 시간 전에 도착했고 너무도 설레어서 학교 로비를 미친 듯이 뛰어다녔던 기억이 아직도 생생하다.

하지만 그렇게 설렘과 기대로 가득 찼던 입학에 대한 기쁨도 잠시, 나는 이내 여러 가지 어려운 문제들과 마주하게 되었다. 샌프란시스코에서의 생활은 뉴욕에서의 장기 출장과는 완전히 달랐다. 뉴욕에서는 회사가 모든 것을 관리해 주었기 때문에 일만 하면 되었지만, 샌프란시스코에서는 모든 일을 혼자 해결해야 했다. 하나하나 알아 가며 배워야 하는 과정은 고된 일상이었다. 특히 영어에 익숙하지 않은 상태에서 수업을 따라가는 것은 매우 힘들었다. 매일매일이 전쟁처럼 느껴졌다. 수업 방식도 한국과는 완전히 달랐다. 교수님은 간단하게 주제를 던져 주고 학생들이 스스로 처음부터 끝까지 프로젝트를 기획하고 실행해 결과물을 만들어 내는 철저한 자기 주도 방식이었다.

미국의 교육 시스템과 한국의 교육 시스템의 확연한 차이를 매일 실감했다. 모든 수업이 창의적인 사고를 요구했으며 나만의 독특한 아이디어를 제시하지 않으면 어떤 프로젝트도 완성할 수 없었다. 그때까지만 해도 내 자신이 나름 창의적이라고 생각했지만, 그것은 큰 착각이었다. 창의적으로 생각하는 법 그리고 생각에 관한 생각을 해내기 위해 필사적으로 노력해야만 했다.

모든 창조적 아이디어는 자신만의 관점으로 재해석해 새로운 가치를 창출하는 것이 중요하다. 나는 몸부림치며 고민하면서 수백 가지 아이디어를 가져갔지만, 발표할 때마다 "이것으론 부족하다, 독창성이 없다."라는 피드백을 받기 일쑤였다. 고통스러운 나날의 연속이었다.

또 하나의 큰 걸림돌은 바로 언어였다. 예술 창작 분야는 언어로 표현하는 것이 매우 중요하다고 생각했기에 영어는 내게 큰 장애물로 다가왔다. 뉴욕에서 일상적인 영어는 사용했지만, 수업에서 자유롭게 토론하고 대화하기에는 한참 부족했다. 설상가상으로 내 서툰 영어 실력 탓인지 팀 프로젝트에서도 아무도 나와 함께하려 하지 않았다. 나는 실제로 왕따를 경험했고 학교에서는 늘 혼자였다. 그때부터 우울증과 수면장애에 시달렸다. 게다가 향수병까지 겹쳐 누구라도 다가와 살짝 건드리기만 하면 눈물이 쏟아질 만큼 외로웠다.

수없이 한국으로 돌아가고 싶었지만, 직장을 그만두고 어렵게 결심한 길이기에 포기할 수 없었다. 하루하루 나 자신과 싸우며 치열하게 버텨 냈다. 지금 돌아보면, 그때만큼 외로움과 고독 속에서 진지하게 나 자신을 마주하고 세상에 진심을 내보이려 애썼던 시간은 없었던 것 같다.

공포스러운 마지막 발표의 시간이 다가왔다. 며칠 밤을 새워 준비했지만 나는 여전히 초췌한 모습에 자신감 없이 수업에 들어섰다. 드디어 내 차례가 되었고 터질 듯한 심장을 부여잡고 떨리는 목소리로 발표하기 시작했다. 이날 내가 발표하려던 프로젝트는 수십 번이나 주제가 변경되는 우여곡절을 겪었었다. 결국 교수님과 합의한 최종 주제는 '한국의 전통 의상'이었다. 주제를 여러 번 바꾼 만큼 애를 많이 썼지만, 자신감은 여전히 부족했다. 발표할 때마다 느끼는 두려움은 말로 다 표현할 수 없을 정도였다. 혹시라도 질문을 받았을 때 내가 이해하지 못하면 어쩌나 하는 두려움이 늘 나를 짓눌렀다.

'한국의 전통 의상'을 주제로 한 발표가 끝나 갈 무렵 박수 소리가 들려왔다. 지도 교수님이었다. 갑작스러운 상황에 나는 깜짝 놀랐고 교수님은 "이 프로젝트는 마치 크리스마스 선물 같다."라며 매우 독창적이라고 칭찬해 주셨다. 교수님은 한국의 한복을 소개하는 아름다운 책이라며 나의 발표 콘셉트가 특별하다고 극찬을 아끼지 않으셨다. 서툰 영어 때문에 꽤 고생하고 있는 것을 아셨는지 "언어는 도구일 뿐, 가장 중요한 것은 아이디어와 콘셉트다."라는 말씀을 하셨다. 그 순간 지금껏 내가 만든 언어라는 감옥 속에 자신을 가두었음을 깨닫게 되었다. 그날 이후 나를 옥죄던 영어로부터 비로소 자유로울 수 있었다. 그리고 봄날의 햇살 같은 미소로 나를 바라보시던 지도 교수님의 얼굴을 잊지 못한다.

소자본으로 결국 해내는 여성창업, 콘텐츠가 답이다!

'칭찬은 고래도 춤추게 한다.'라고 했던가. 그날 교수님의 칭찬은 나의 학교생활을 180도 바꿔 놓았다. 평소 나와 팀 프로젝트를 함께하길 꺼리던 친구들이 이제는 적극적으로 나와 협업하고자 했다. 나는 팀의 리더가 되어 내 안에 있던 잠재력을 마음껏 발휘할 수 있었다. 모든 과목에 적극적으로 임했고 점점 더 두각을 나타내며 좋은 결과물들이 속속 나오기 시작했다.

학교에서 배운 소중한 것들은 많지만 그중 가장 인상 깊었던 깨달음을 나누고 싶다. 그것은 창의적인 아이디어를 도출하고 그 아이디어를 실질적인 결과물로 만들어 내는 방법에 관한 것이다. 내가 그토록 갈망했던 창의성은 천재들만의 전유물이 아니라는 사실이다. 상상력은 학습할 수 있으며 누구나 자신 안에 있는 천재성을 생각의 도구들을 활용하여 일깨울 수 있다는 것이다. 단순한 지식이나 고정된 사고의 틀을 넘어 느낌과 이미지, 감정을 바탕으로 직관을 통해 통찰력을 끌어내는 것이 중요하다. 이러한 통찰력은 부단한 훈련을 통해 길러진다.

'세상을 놀라게 할 창의적이고 독특한 아이디어는 이미 내 안에 존재한다.'
'당신의 위대한 생각을 세상에 퍼뜨려라! 이제 세상은 당신의 콘텐츠에 열광할 것이다.'

결국 창의성은 모두가 내면에 지닌 잠재력이자 훈련을 통해 충분히 발현될 수 있는 능력임을 깨달았다. 중요한 것은 그 가능성을 발견하고 이를 표현해 낼 수 있는 도구와 방법을 찾는 것이다. 학교에서 배운 이 소중한 깨달음은 단지 학문적 성취를 넘어서 나의 삶과 사업에 큰 변화를 가져다주었다. 나는 여전히 세상을 향해 나만의 독창적인 아이디어를 자신 있게 펼치고 그것이 다른 이들에게도 영감을 줄 수 있다고 확신한다.

"내 안에 이미 존재하는 창의성을 믿고, 그것을 세상과 나누지."

좋아하는 일을 찾으면
단 하루도 일하지 않아도 된다

"좋아하는 직업을 택하면 평생 하루도 일하지 않아도 될 것이다."

– 공자 –

이 말을 처음 들었을 때 꼭 나를 두고 하는 말처럼 들렸다. 나는 매일 새벽에 일어나 일터로 향한다. 그 여정이 단 한 번도 지겹거나 하기 싫은 적이 없다. 12년째 이러고 있으니 어떤 사람들은 미쳤다고 생각할지도 모른다. 하지만 미친 게 아니라 그냥 지금 하는 일이 너무 좋을 뿐이다.

물론 이토록 좋아하는 일이더라도 하다 보면 슬럼프와 권태가 찾아오기 마련이다. 이를 이겨 내는 나만의 방법은 스스로에게 동기부여를 하는 것이다. 흔하게 이야기하는 거지만 사장이라는 직업은 스스로 자신을 고용한 일이다. 누구도 사장에게 업무 지시를 하지 않는다. 언제까지 보고서를 내라고 이야기하지 않는다. 그래서 스스로에게 보스가 되어야 한다. 자신의 업무들을 보다 객관적이고 냉철하게 평가하고 수정하며 보완해야 한다.

그렇게 매번 찾아오는 고비를 넘기면서 어느새 일에 대한 근육이 생겼다. 슬럼프와 권태로움의 시간도 점점 짧아졌다. 어릴 때부터 남과 다르게 사고하는 것을 좋아하다 보니 새로운 뭔가를 만들어 내는 일과 아주 잘 맞았다. 가끔은 못 말리는 열정 탓에 병원 신세를 지고 수술을 받은 적도 있었지만, 오늘도 이 일을 하는 게 참으로 행복하다.

이런 나 자신도 한국에서의 첫 번째 직장은 남들 보기에 화려한 직업이었을 뿐 적성에 잘 맞고 좋아하는 일은 아니었다. 적성에 맞지 않는 일을 평생 할 수 없다는 생각에 과감히 사표를 냈었다. 그리고 진짜 좋아하는 일을 찾기 위해 다시 대학에 들어가 공부하고 지금의 일을 찾기 위해 고군분투한 것은 평생에 가장 잘한 일이다. 그저 책과 교구를 만들어 교육에 활용하는 것이 한없이 좋았다. 만약 그때 큰 용기를 내지 않았더라면 지금의 나는 존재하지 않을 것이다.

직접 만든 콘텐츠가 전국에 있는 수많은 교육 현장에서 적절히 활용되고 교사들과 아이들이 즐겁게 수업하는 모습을 보면 이 일을 90세까지는 거뜬히 할 수 있을 것 같다. 왜냐하면 이 일은 그냥 해야만 하는 일이 아니고 매우 좋아하는 일이기 때문이다.

하지만 사장이라는 직업은 좋아하는 일만 할 수는 없다. 사장의 역할은 매우 다양하며 팔방미인이 되기를 요구하기 때문이다. 나도 당연히 다양한 사장의 일을 모두 재미있게 한다는 것은 아니다. 타고나기를 예술가의 기질이 많은 나는 회계, 세무, 재무 등과 같은 일들은 참으로 힘들어한다. 사장이 모든 것을 다 잘할 수는 없다. 자신이 없는 일은 잘하는 사람에게 맡기면 된다. 사장이 모든 일을 다 할 수 있는 시대도 아니지만 모든 일을 다 해서는 조직이 성장할 수 없기 때문이다.

그러나 이토록 좋아하는 일도 하다 보면 지치고 생각처럼 잘 풀리지 않을 때가 있다. 콘텐츠를 개발하고 시장에서 팔릴 수 있는 제품으로 만들어 나간다는 것은 분명 고통이 수반되는 일이다. 종종 일이 진전되지 않아 끝이 보이지 않는 터널 속에 있는 듯한 느낌이 들 때가 있다. 그럴 때마다 오늘도 무심히 내가 하는 일을 하기 위해 아침 7시면 어김없이 연구실로 출발한다. 내가 좋아하는 일을 지속해서 하기 위해서는 따르는 고통을 감내해야 한다. 고통을 이긴 시간만큼 좋아하는 일을 오랫동안 할 수 있기 때문이다.

이제는 사람들의 평균 수명이 100세 이상으로 연장되었다. 우리는 초, 중, 고를 거쳐 대학에 이르기까지 경력을 쌓기 위해 시간과 비용을 투자한다. 하지만 수명이 두 배로 늘어난 이 시대를 살아가는 우리는 한 가지 직업으로 평생을 살아가기 어렵다. 최소 다섯 번 이상 직업을 바꿔야 하는 시대를 살아가고 있다.

인생의 절반 이상을 살아 이제 중년의 나이가 되었다. 반백 년을 살았지만, 지금까지 살아온 세월에 도취될 시간이 없다. 또 다른 커리어를 준비하기 위해 학습하고 반드시 성장해야만 하는 갈림길에 서 있기 때문이다. 더구나 인공지능의 등장은 모든 산업의 구조를 뒤흔들고 있다. 누구도 감히 20년 뒤를 예측하기는 어렵다. 우리는 어떤 방향으로 얼마나 변할지 알 수 없는 불확실성의 시대를 살아간다. 우리는 모두 어느 때보다 유연하게 시시각각 다른 모습으로 살아갈 준비를 해야 한다. 시대에 맞춰 카멜레온이 되어야 한다.

4

생각만 하지 말고 미친 듯이 실행하라

내게는 10년 동안 아이들과 함께한 보석 같은 경험들이 많다. 이야기보따리를 풀자면 일주일 밤을 꼬박 새워도 모자랄 것이다. 돌이켜 보니 다양한 기차가 멈추는 모든 정거장의 플랫폼처럼 내가 걸어온 길에 다양한 이야기들을 품고 살았음을 이제야 알겠다.

문득 영어유치원 원장 시절의 기억이 주마등처럼 스쳐 지나간다. 아들이 다섯 살 때였다. 여전히 바쁜 일상을 살아 내는 엄마이자 영어유치원 원장이었던 나는 아이와 같은 공간에 있을 뿐 실제로 뭔가를 같이 하는 게 여간 어려운 일이 아니었다. 아이가 곁에 있다는 안도감만 있을 뿐 아이는 늘 바쁜 엄마를 바라만 봐야 하는 안타까운 시간이었다. 그날도 아이가 컨디션이 좋지 않은지 하루 종일 원장실 유리창에 매달려 엄마와 같이 놀자고 보채며 칭얼거렸다. 선생님들과 회의를 마치자마자 학부모 상담이 끊임없었기에 내가 할 수 있는 일은 아이에게 교실로 가라며 눈짓하는 것뿐이었다.

밤 9시. 마지막 학부모 상담을 마친 늦은 시간 문득 아들이 생각나 교실 곳곳을 찾아다녔다. 추운 겨울이었는데 차디찬 교실 바닥에 담요도 없이 누워서 자고 있었다. 아이가 배고프다고 했었는데 저녁도 못 줬다는 것에 생각이 미쳤다. 바닥에 누워 있는 아이 몸이 차디찼다. 덜컥 겁이 나 아이를 흔들어 깨웠다. 다행히 잠이 깬 아이는 내게 안기며 울어 버렸다. 우리 둘은 부둥켜안고 같이 울었다. '나는 도대체 뭐 하는 사람인가.'라는 생각이 들면서 또다시 마음이 무너져 내렸다.

"중서야, 배 많이 고프지? 우리 밥 먹으러 가자."

"식당 밥은 싫어. 엄마가 해 주는 밥 먹고 싶어."

"그래, 그래. 집에 가서 따뜻한 밥 해 먹자. 엄마가 맛있게 해 줄게."

집에 와서 아이에게 밥을 주고 나면 씻을 새도 없이 곯아떨어졌다. 그 시절을 떠올리고 보니 아이에게 최고의 교육을 해 주겠다는 것은 핑계였고 어쩌면 내 안 깊숙이 자리 잡은 성공하고 싶다는 욕망을 실현해 내고 싶었는지 모르겠다. 생후 6개월 된 아이를 친정엄마에게 맡기고 세상 한복판으로 뛰쳐나왔었다. 1년은 모유 수유를 선물하고 싶었는데 그러지 못했다. 6개월 동안 힘들게 유지했던 모유 수유도 일을 시작하고 나니 자연스럽게 멈췄다.

아들 중서는 어려서부터 외할머니 손에서 자랐다. 유난히 책을 좋아하는 아들은 동화책을 한가득 들고 와서 읽어 달라고곤 했다. 퇴근을 하면 아이는 옷도 갈아입지 못한 내 옆에 자리를 잡고 앉는다. 모든 에너지를 소진하고 지친 채 퇴근하는 날들이 많았는데 아이를 위해 없는 에너지를 다시 쥐어 짜내야 했다. 짧은 동화책이지만 다섯 권 정도 읽고 나면 너무 졸려서 제대로 읽지 못하고 페이지를 넘기곤 했다. 아이는 "엄마, 이거 왜 지나갔어? 엄마, 왜 벌써 졸려? 일어나!"라고 보채며 고사리 같은 손으로 나의 어깨를 흔들어 깨우기 일쑤였다. 그러나 나는 이미 꾸벅꾸벅 졸며 꿈속에서 헤매고 있었다. 그렇게 좌충우돌 아이의 육아와 함께 10년간 교육기관을 운영했다. 다양한 교육 콘텐츠를 마음껏 실행하는 현장이었고 못 말리는 열정이 넘쳐서 정신없이 세월을 보냈다.

교육기관 운영 10년의 정점을 찍고 나는 무모한 도전을 실행해 현실로 옮기기 시작했다. 10년간 매일 매일 개발하고 수업에 적용했던 다양하고 방대한 교육 자료들을 본격적으로 콘텐츠화하면서 사업은 그렇게 시작되었다. 처음 출발은 대단한 사업을 하겠다기보다는 교사들이 좋은 교재, 교구를 가지고 효과적으로 수업하게 하고 싶다는 평범한 이유였다. 늘 그렇듯 원대한 계획은 없었다. 마일스톤도 존재하지 않는다. 아이들에게 무조건 좋은 것을 주고 싶다는 이유만 가슴에 품고 하루도 쉬지 않고 달려온 시간이었다.

영어유치원은 아이러니가 존재하는 곳이다. 아이들의 유아 발달과는 상관없이 오로지 영어 배우기에 초점을 맞춘 수많은 교재, 교육들이 넘쳐 난다. 아이들은 태생적으로 예술가이고 본능적으로 자신들의 고사리 같은 손으로 뭔가 표현하기를 좋아하는데 유아 발달과는 거리가 먼 콘텐츠가 너무 많았다. 어린아이들 손에 들려 있는 수많은 영어학원 교재가 아쉽고 마음이 아팠다. 게다가 대다수의 원어민 교사들은 유아교육에 대한 지식이 전혀 없었고 한국을 경험하기 위해 온 젊은 선생님들이었다. 그들을 교사로 만들어야 했으며 그러기 위해 지속해서 교육 자료를 제공해야 했다. 마치 스펀지와 같이 재빠르게 흡수해 버리는 아이들의 소중한 하루하루를 대충 보내게 할 수는 없었다. 그야말로 내 자신을 갈아 넣어야 했다.

지금도 교사 교육 때마다 우리 아이들의 6세 4월은 다시 오지 않는다는 것을 강조한다. 아이들의 절대적 시기에 최선을 다하는 교사가 되자, 아이들이 잘 성장할 수 있도록 이끌어 주는 교사가 되자는 것이다. 중요한 사실은 선생님들에게 교육적인 자료들과 특히 프로젝트 자료들을 풍성하게 제공하면 선생님들 역시 춤을 추듯 기쁘게 수업을 진행한다는 사실이다. 이렇듯 10년간 쌓아 온 방대한 교육 자료들을 잘 개발해서 시스템화시킨다면 선생님들은 최고의 교육 서비스를 제공할 수 있고 그들에게 배운 아이들 역시 훌륭한 교육의 수혜자가 될 것이 분명했다.

쫄지 말고 일단 창업해라

"최고의 제품이 아닌 최선의 제품으로, 최고의 드림팀이 아닌 최선의 드림팀으로, 작게 시작해도 좋다, 쫄지 말고 창업해라!"

처음부터 최고의 제품을 목표로 한다면 세상에 태어날 제품은 아마 없을 것이다. 평소 아이디어가 차고 넘쳤던 나는 그것을 내 안에 마냥 가지고만 있는 것이 아까웠다. 아이디어를 구체화하고 신속하게 최소한의 제품을 만들어 세상에 선보이고자 했다. 적은 비용으로 일단 최소 존속 제품(MVP)을 만들어 시장의 반응과 사용자 경험을 데이터화하기 시작했다.

사업을 하기 전까지 경영학이라는 말은 들어만 봤지, 나와는 무관한 영역이었다. 경영 무식자였던 나는 일하면서 동시에 헤세드에듀에 필요한 경영서들을 독파하기 시작했다. 경영의 최일선에서 치열하게 적용해야 하는 경영 이론들과 마케팅 포인트를 찾으려 일하는 중간중간 틈틈이 책을 읽어 나갔다. 최소 존속 제품(MVP)을 만들어 실행하는 개념이 바로 린 스타트업의 핵심 개념인 MVP(Minimum Viable Product)라는 사실도 책을 통해 알게 되었다. 더욱 놀라운 사실은 지금의 대기업들조차도 창업 초기에는 이 방식을 많이 사용했다는 점이다.

이 사실을 발견한 후 창업 초기 단계부터 에릭 리스(Eric Rise)가 제안한 창업 방법론 '린 스타트업(Lean Startup)'을 적극적으로 적용했다. 린 스타트업의 핵심 개념인 MVP는 고객에게 가장 중요한 핵심 기능만을 갖춘 초기 버전의 제품을 빠르게 출시하는 것이다. 목표는 시장에 빠르게 출시해 실제 고객의 피드백을 받아 제품을 개선하는 데 있다. 헤세드에듀 초기에는 교육기관에서 가장 필요로 하는 부분이 교재와 교구의 일체형 모델이라는 판단을 내렸다. 최소한의 제품을 빠르게 출시했고 지속해서 교육기관의 피드백을 받아 수차례 업그레이드를 하면서 제품의 완성도를 높여 나갔다. 린 스타트업의 주요 원칙은 자원을 최소화하고 불필요한 작업을 줄여 효율적으로 운영하는 것이다. 자원이 부족한 초기 스타트업 단계에서는 최대한 빠르게 MVP를 출시해 시장 검증을 받는 것이 매우 중요하다.

또한 고객 중심 접근 방식을 취해야 한다. 고객의 지속적인 피드백을 제품 개발의 핵심 요소로 삼아야 한다. 제품을 사용한 고객과 끊임없는 상호 작용을 통해 제품의 가치를 확인하고 개선해야 한다. 반복적으로 개선하고 지속적인 테스트와 피드백을 통해 제품을 점진적으로 발전시켜야 비로소 시장에서 높은 리텐션을 자랑하는 최고의 상품이 탄생하게 된다.

회사의 교재 교구 제품들을 개발하고 상용화했던 구체적인 이야기를 해 보려고 한다. 10년간 쌓은 교육 현장에서의 경험과 축적된 자료들이 상품 개발에 직접적인 도움이 될 것이라고 믿었다. 하지만 교육 현장에서 영혼을 불태우며 만든 자료들은 말 그대로 정리되지 않은 그저 자료에 불과했다. 상품도 아니고 그럴듯한 교재도 아니었다.

매일 연구원들과 교재와 교구를 개발했다. 연구원들과 만든 내용을 가지고 열정을 다해 피드백을 주고 코치하며 다양한 종류의 교재와 교구를 완성도 있게 끌어올리는 일은 결코 쉬운 일이 아니었다. 엄청난 양의 연구 개발을 하면서 매일같이 전국을 다니며 총판 지사들과 영업 미팅을 했고 교사 교육도 해 나갔다.

회사 설립 첫해부터 소량의 주문이 들어오기 시작했다. 광고나 온라인 마케팅 비용을 지급할 여력은 전혀 없었기 때문에 완성도 있는 제품 그리고 교육 현장에 없어서는 안 될 제품을 개발하는 것에 주력했다. 제품의

질 만큼은 누구에게도 양보할 수 없었다. 모든 개발 과정은 반복에 반복을 거치며 깐깐하게 진행이 되었다. 이런 피 말리는 과정으로 만들어진 상품은 점점 입소문을 타기 시작했다. 처음 사용했던 교육기관에서 교사들의 호응이 좋다는 이야기를 듣고 타 교육기관에서 주문 전화를 주기도 했다.

실제 사용했던 교사들의 피드백이 이메일로 오기 시작했고 "지금까지 상상만 했던 필요한 교재 교구를 만들어 주셔서 감사하다."라는 메시지를 받았다. 그럴 때면 고생했던 모든 기억이 한꺼번에 사라지고 마치 지구라도 구한 것 같은 기분이 들었다. 그러나 아직 많은 부분이 부족한 상황에서 들어오는 주문을 소화해야 하는 일은 힘든 일이었다. 아이들이 매달 사용하는 교재 교구이기에 다음 달에 출고할 교재와 교구를 만들어 개발하고 생산까지 해서 납품해야 했기에 부담감이 백배였다. 그때 당시 고생하는 직원들을 보는 일이 가장 힘들었다. 초기에는 주문 수량이 적어서 거실에 잉크젯 프린터기 10대를 설치해 놓고 밤새 프린트를 돌렸다. 밤에는 알람을 1시간 간격으로 맞춰 놓고 일어나 종이를 새로 갈아 넣고 다시 자고, 다시 일어나 종이를 넣는 일을 반복했다. 인쇄소에 주문을 넣기에는 수량이 적었고 가격도 비싸서 그야말로 가내수공업으로 한 땀 한 땀 책을 직접 만들어서 납품했다.

납품할 날이 가까워지면 수많은 교재의 스프링을 끼워 손끝엔 모두 피

멍이 들고 갈라져 밴드를 붙이고 살았다. 손톱 사이에는 프린트 잉크가 총 천연색으로 늘 자리하고 있었다. 교구까지 만들어 패킹하고 최종 제품들을 포장해서 택배로 보내는 것까지 그야말로 모든 생산과 물류까지 전 프로세스를 소화해야만 했다. 납기를 맞추지 못해 밤사이에 학원 입구 앞에 놓고 온 적도 다반사였다. 매달 20일 정도가 되면 납기를 맞춰야 한다는 압박감이 심해서 동이 터 올 때면 떠오르는 해가 야속했다. 당시 나의 가장 큰 바람은 몇 군데 되지 않는 거래처인 영어학원들에 제때 납품하는 일이었다.

수많은 교구 이미지를 손으로 가위질했기 때문에 직원들의 손끝은 항상 상처가 나 있었다. 하지만 주문량이 지속해서 늘면서 어느 순간 거짓말처럼 교재와 교구를 몇천 단위로 인쇄하기 시작했다. 생전 처음으로 인쇄소에 디지털과 오프셋을 주문한 날을 결코 잊을 수가 없다. 특히 잉크젯으로 프린트하고 직접 손으로 한 장 한 장 가위질했던 이미지 교구들을 도무송으로 인쇄하던 날, 모두 하나 되어 감격하며 부둥켜 얼싸안고 울었다.

그야말로 모든 프로세스는 아무것도 모르는 무식한 대표의 무모한 대행진이었다. 공장이나 제조 혹은 물류 시스템에 대한 지식은 전혀 없었고 그저 하루하루 배워 가며 헤쳐 나갔다. 여행용 큰 트렁크에 제품들을 가득 채워서 비록 영업에 대해 아는 지식도 없고 경험도 없었지만, 책과 교구를 팔아야 한다는 일념으로 전국을 누비고 다녔다. 하루하루가 버티기, 해내기를 실행하는 전쟁터였다.

나는 철저하게 무모한 대표이다. "도전해 보자. 왜 미리 포기해? 해 보기 전에는 아무도 모르잖아." 이 말을 달고 산다. 지금 생각해 보면 못 말리는 열정의 소유자를 견디고 있는 직원들에게 미안할 때가 많다. 아직도 가슴은 왜 이리 뜨거운지 못 말리는 아줌마다. 점점 더 큰 열정이 내 안에 꿈틀거린다. 나의 모든 꿈과 열정은 오늘도 진행형이다. 세상 그 누구도 나를 말릴 수 없고 무조건 해 본다는 근성은 지금도 자신을 조금도 쉬지 못하게 만든다. 강박증과 집착이 있는 사람들은 자신을 스스로 힘들게 하지만 어쨌든, 일은 되게 만든다.

글을 쓰면서 12년의 스토리가 담긴 마음의 폴더를 조심스럽게 열어 보고 있다. 울고 웃었던 수많은 서사가 지금의 헤세드에듀를 만들었다. "최정화 대표는 무엇 때문에 사업을 하세요?" 만약 누군가 이런 질문을 한다면 나는 망설임 없이 대답할 것이다. 대단한 목표보다는 인생을 발전시킬 새롭고 흥미로운 일들을 그저 하고 싶은 것이라고.

"최정화 대표는 언제까지 사업을 할 것인가요?" 누군가 또 이런 질문을 한다면 나는 이렇게 대답하고 싶다. "사업은 알 수 없는 길을 떠나는 모험이라 생각해요. 언제까지 할지는 몰라요. 그건 운명이겠죠. 하지만 지금부터는 모험을 즐기며 좋은 사람들과 더 많이 웃으며 일하고 싶어요."

창업이라는 갈림길에 서서 앞서 자신의 사업을 일군 선배들을 바라보는 예비 창업자들에게 말하고 싶다. 일단 첫발을 내디뎌 보라고. 그리고 이 책이 그들의 용기 어린 도전에 동기부여가 되기를 소망한다. 책의 출간을 앞둔 지금 나는 앞으로 10년의 로드맵을 그리고 있다. 그 누구도 가 보지 않은 길이기에 나는 모험이라 부르지만, 그 길에는 미지의 세계에 대한 설렘과 기대가 있어 오늘도 어제처럼 뚜벅뚜벅 나아갈 수 있다.

소자본으로 결국 해내는 여성창업, 콘텐츠가 답이다!

2부

백조도
물 아래에서는
발버둥 친다

지금 시작하지 않으면 가능성도 없다

"시도해 보지 않고는 누구도 자신이 얼마만큼 해낼 수 있는지 알지 못한다."

– 푸블릴리우스 시로스–

사장은 누군가 만들어 놓은 길을 가는 것이 아니라 자신의 길을 스스로 개척해야 한다. 주저앉는 순간 사업은 무너질 수밖에 없다. 그러나 이러한 말이 정답임에도 리스크가 떠올라 주저하게 되는 것이 현실이다. 직원들 앞에서 "봤지?"라고 보여 주고 싶지만, 점점 겁도 많아진다. 큰 프로젝트를 앞두고 있을 때마다 이 말을 읽고 또 읽으며 자신을 다잡는다. 시도해 보지 않고는 우리가 얼마만큼 해낼 수 있는지 가늠하기 어렵다. 끊임없이 내 안에서 올라오는 질문들과 싸워야 한다. 그리고 충분히 자신을 설득할 수 있어야 한다.

'과연 내가 할 수 있을까? 나는 아직 경험도 많지 않은데.', '리스크가 너무 큰 거 아닌가?', '지금 이거 할 때가 맞을까?' 하는 수많은 걱정은 당면한 프로젝트를 해발고도 8,849m의 히말라야로 만들어 버린다. 하지만 우선 첫발을 내딛고 조금 느리더라도 과감하게 시도하면서 매일 성실하게 임하다 보면 결국 성과를 이루게 된다. 내 친구 작가는 걱정 많은 딸에게 랩처럼 불러 주는 노래가 있다고 한다. "걱정을 해서 걱정이 없어지면 걱정이 없겠네." 요새 아이들 말로 라임이 쩐다. 그런데 곰곰이 생각해 보면 상당히 일리 있는 말이다. 신중한 것은 좋으나 걱정은 기우일 경우가 많다. 그러니 생각하고 시장 조사만 하다 허송세월하지 말자. 리스크가 보이는 부분은 보완해 가며 일을 반드시 성사해야 한다는 불굴의 의지로 일단 시작해야 한다.

창업 초기에 영어 교재와 교구를 개발해 사업화하겠다고 결심했지만, 모두가 말렸다. 특히 가족들이 가장 말렸다. 세상에 영어 교재가 넘쳐 나는데 굳이 개발까지 해야 하느냐는 말을 많이 들었다. 기존의 일을 계속하라는 조언도 많았다. 그러나 나는 반드시 성공할 것이라는 강한 확신이 있었다. 그 확신의 근거는 다년간의 현장 수업 경험이었다. 많은 수업을 직접 진행하며 영어권 국가의 출판사들과 국내 출판사들의 영어 교재를 사용해 보았지만, 아이들에게 딱 맞는 교재는 없었다. 늘 아쉽고 부족했다.

영어 출판 시장은 대부분 크고 영향력 있는 5대 출판사가 독점하고 있다. 우리처럼 작은 출판사가 개발부터 진행하는 것은 다윗과 골리앗의 싸움처럼 힘겨운 일이었다. 하지만 교육 현장의 바람을 가장 잘 파악하는 나로서는 확신이 있었다. 선생님들은 교재와 교구 일체형 프로젝트 수업이 절실하게 필요하다는 걸 이미 경험을 통해 알고 있었다. 일반 교재를 사용할 때는 수업의 흥미가 떨어지고 아이들이 적극적으로 참여하지 않는다. 그러나 프로젝트 수업으로 진행하면 아이들이 스스로 선택할 수 있는 기회를 부여받아 능동적으로 참여하게 된다. 학습자가 적극성을 발휘할 수밖에 없는 자기 주도성으로 모든 수업이 진행되기 때문이다.

교재와 교구를 개발해 전국에 B2B[1] 사업을 하겠다고 결심하고, 스스로 길을 만들어 왔다. 만약 그때 주변 사람들의 충고를 듣고 시도를 멈췄다면 지금의 회사는 존재하지 않았을 것이다. 나는 늘 사업의 기회를 찾고 있었기에 교육기관에 근무하면서도 사용자와 생산자, 두 가지 입장에서 생각하는 것이 가능했다. 만일 내가 그저 콘텐츠를 사용만 하는 사용자 입장이라면 평생 자신의 IP[2]가 있는 물건을 개발할 수 없었을 것이다.

---

1) Business to Business의 약자로 기업 간의 거래를 위한 영업 방식을 말한다.
2) Intellectual Property의 약자로 지식재산권을 말한다.

주제별 프로젝트(Thematic Project)[3]는 우리 콘텐츠 중에서 가장 사랑받는 스테디셀러이다. 하지만 이 스테디셀러조차도 시작할 당시 고민이 많았다. 교육기관에서 메인 프로그램으로 사용했던 전례가 없었기에 시장성이 없어 보였다. 그러나 나는 무슨 배짱에서인지 강하게 밀어붙였다. 콘텐츠는 사용되지 않으면 시장의 반응을 알기 어렵다는 믿음 때문이었다. 내 믿음의 근거는 교육 현장에서 메인 프로그램으로서의 성장 가능성을 충분히 경험했기 때문이다. 그리고 당시 시장에는 주제별 프로젝트 방식으로 교육하는 기관들은 제법 있었지만, 그에 맞는 교재와 교구는 전혀 없었다.

출시 이후 주제별 프로젝트 교재는 연속 홈런을 쳤다. 특히, 큰 출판사들에서 연락이 오기 시작했다. 한 번은 청담러닝 신사업부 전체 총괄 이사님으로부터 연락이 왔다. 신사업부에서 새로운 영어유치원을 런칭하는데, 헤세드에듀의 교재를 메인으로 사용할 것을 제안했다. 처음에는 의아했다. 연구원들이 100명도 넘는 청담러닝은 타사 제품을 사용하지 않기로 유명한 회사였기에 이해하기에 더 어려웠다. "청담러닝에서 충분히 개발할 수 있지 않을까요?", "우리에게는 이 콘텐츠를 개발하는 DNA가 없습니다. 이것은 오직 헤세드에듀에서만 할 수 있는 일이에요." 청담러닝

---

3) 주제별 프로젝트(Thematic Project)는 한 가지 주제를 수학, 과학, 예술 등 다양한 측면에서 살펴봄으로써 통합적 사고를 할 수 있게 돕는 교육 방법이다.

이사님의 말이 처음에는 이해하기에 어려웠지만 차츰 그 의미를 알게 되었다. 교구까지 개발하려면 수없이 많은 과정이 상세하게 들어가야 한다. 그리고 이 일에 완전히 미친 사람이 없으면 사실상 불가능하다. 혹 연구원 중에 그러한 고마운 인재가 있다고 해도 상대적으로 규모가 작고 조직이 작은 회사여야 상호 의사소통이 빠르게 교환되고 시장의 요구에 맞춰 신속히 수정하여 보완할 수 있다. 어쩌면 헤세드에듀가 작은 다윗이어서 오히려 골리앗이 하지 못한 일을 해내지 않았을까 싶다.

복잡한 공정 과정을 감내하고라도 소비자에게 편리함을 주겠다는 결심은 지금 생각해도 가장 잘한 결정이었다. 수많은 재료를 패키지화해서 교육기관에 납품하는 과정들은 끝없는 생고생의 연속이었다. 재료들이 워낙 다양하고 많다 보니 실수도 잦았다. 한 가지 재료라도 빠지면 수업이 어려워지기 때문에 교육기관들은 실수로 빠진 재료들에 대해서 예민해질 수밖에 없었다. 모든 활동에 수만 가지 종류가 넘는 재료들을 납품하는 일은 참으로 어려웠지만 타 회사가 쉽게 따라 할 수 없는 우리만의 큰 경쟁력이 되었다. 소비자의 바람을 정확하게 파악해서 그들을 편리하게 해 준다는 생각은 점점 더 명확해졌다. 선생님들이 직접 재료를 구매해 만들지 않아도 멋진 프로젝트 수업이 현장에서 실현되도록 하는 것을 목표로 달려갔다.

어떻게 보면 대책 없어 보이는 이 용기가 그들이 매년 어김없이 헤세드에듀의 교재를 찾는 재구매의 핵심 포인트가 된 것이다. 아이들이 교재만을 가지고 수업을 진행할 때와 교재, 교구를 함께 가지고 프로젝트 수업을 할 때의 반응은 엄청난 차이를 보인다. 헤세드에듀는 실행하고 또 실행함으로써 교재, 교구 시장의 큰길을 낸 것이다. 이렇게 계획하고 과감하게 실행했던 일은 성공하는 시작이 되었다. 왜 어떤 사람들은 다른 사람들보다 더 큰 성과를 내는 걸까? 누구나 비전과 열망이 있다. 그러나 성공하는 사람들은 실행하는 힘을 가지고 있다는 데 주목해야 한다. 이제 생각은 그만하고 행동으로 옮겨 보라. 그 순간 걱정이나 두려움은 부수적인 것이 된다. 지금도 망설이며 생각만 하고 있는가? 창업을 꿈꾸는 그대여, 실행하라. 그것이 그대의 성공에 첫걸음이 될지니.

나만의 오리지널리티를 찾아라

작은 브랜드가 대기업 못지않게 성공하는 이유는 바로 오리지널리티가 강력하기 때문이다. 오리지널리티가 과연 무엇인가? 이것은 기존의 것들과는 차별화된 새로운 것으로 표현된 독창성, 창의성을 말한다. 이것은 사업의 핵심 요소이다. 하지만 오리지널리티는 대기업의 풍부한 인적 인프라도 만들어 내지 못하는 경우가 많다. 왜 최고의 스펙을 자랑하는 인재들이 모여 있는 대기업에서 이 핵심 요소를 만들어 내기 어려워하는 것일까? 바로 풍요 속의 빈곤 때문이다. 이것은 가파른 절벽에 아슬아슬하게 서 있는 절실한 누군가가 잘 만들 수 있다. 'Stay Hungry, Stay Foolish'는 스탠퍼드 졸업식에서 스티브 잡스가 한 연설의 핵심이다. 나는 좀 안일하게, 적당하게 하고 싶을 때는 이 말을 떠올리곤 한다. 절벽에 서 있는 절실한 내가 어떻게 우리 회사의 오리지널리티를 창조했는지 이야기해 보려고 한다. 지금 이 핵심을 만들지 못해 잠 못 이루는 사장님들에게 도움이 되길 소망하면서.

회사 제품을 처음 만들 때 가장 집중했던 콘셉트는 독특함(Unique), 독립성(Independent), 독창성(Originality) 이 세 가지다. 이 시대가 간절히 원하는 우리 회사만의 독특하면서 독립적이고 독창성이 뛰어난 제품을 만들고 싶었고 남들이 하지 않는 것을 찾기 위해 노력했다. 숙고와 생각의 깊이와 양은 어김없이 남들이 흉내조차 내기 힘든 것을 만들어 낸다.

교육 선진국으로 잘 알려진 스웨덴은 창의 융합형 교육을 지향한다. 미국과 유럽 지역은 유치원 때부터 창의 융합 교육을 시행하는 반면 우리나라는 분절형 주입식 교육을 받는다. 교육 선진국에서 받는 이 교육은 창의적이고 비판적인 사고력과 자기 주도적 문제 해결 능력을 배양한다. 이것은 미래 인재가 반드시 갖춰야 할 핵심 역량이다.

내가 미국에 공부하러 갔을 때 통합, 융합 교육이 있다는 것을 처음 알게 되었다. 캘리포니아 스탠퍼드대학에 있는 팔로알토의 유명한 사립 유치원과 사립 초등학교들은 모두 창의 융합 교육이 메인 커리큘럼이었다. 한국에서 분절형 주입식 교육을 받던 나는 이런 교육이 낯설고 신기했다. '이런 방식의 교육이 가능하다고? 내 아이도 이러한 선진 교육을 받을 수

소자본으로 결국 해내는 여성창업, 콘텐츠가 답이다!

있으면 좋을 텐데.'라고 생각했다. 그때부터 나는 이 교육을 교사들이 쉽게 교실에서 실현할 수 있도록 해야겠다는 꿈을 꾸기 시작했다.

공부를 마친 후 결혼하고, 아이를 낳아 귀국해서 나의 교육적 소신을 실현하기 위해 영어유치원과 국제학교에서 근무하기 시작했다. 그러나 대한민국 영어 교육의 현장은 내가 꿈꿔 왔던 것과는 매우 달랐다. 한마디로 기수 없는 경주마를 내용 없이 휘날리는 만국기 사이로 뛰게 하는 것 같았다. 그래서 나는 결심했다. '내 아이에게 내가 받은 것보다 더 좋은 교육을 받게 해 주리라.' 이런 엄마의 마음이 헤세드에듀의 시작이었다. 10년 동안 아이들을 가르치면서 매일매일 연구하고 교재와 교구를 제작하고 현장에서 사용해 보면서 아이들을 위한 것이 무엇일지 하루도 쉬지 않고 숙고했던, 그야말로 열정이 폭발하는 시간을 보냈다. 때마침 영어유치원에서는 아빠와 함께하는 과학 참관 수업이 인기가 많았다. 당시 풍부한 상상력과 창의력을 펼치도록 하는 교육이 드문 상황이어서 이러한 활동은 아이들은 물론이고 참여하는 아빠들에게도 진한 감동을 전해 주었던 기억이 있다.

이와 같은 다양한 활동들을 통해 창의력을 기르고 긍정적인 인지 발달을 촉진하는 교육을 헤세드에듀에서는 '예술을 통한 교육'이라고 부른다. 이 말은 예술교육전문가 앤 뱀포드의 『예술이 교육에 미치는 놀라운 효과』라는 저서에서 따온 말이다. 앤 뱀포드는 이 책을 통해서 '예술 안의 교육'과 '예술을 통한 교육'이라는 두 관점을 소개하고 있다. '예술 안의 교육'이란 우리가 잘 아는 것처럼 무용, 시각예술, 음악, 연극 등 각각의 예술 유형으로 사고하고 표현하는 방법을 기술적인 면에서 지속적이고 체계적으로 학습하는 것이다. 그러면 헤세드에듀가 지향하는 '예술을 통한 교육'이란 무엇일까? 이는 모든 교과를 가르치는 데 창의적이고 예술적인 교수법을 활용하는 교육을 말한다. 이렇게 '예술을 통한 교육'은 학습 성취도를 향상할 뿐만 아니라 학습에 대한 흥미도를 높이며 긍정적인 인지 발달을 촉진한다.

또 하나 우리만의 오리지널리티는 성품 교육과 환경 교육 콘텐츠다. 하루는 성품 교육 시간에 아이들과 병아리가 부화기에서 태어나는 실험을 한 적이 있었다. 아이들은 이 병아리에게 '달이'라는 이름을 붙여 주었다. 달이는 유일하게 기계를 통해 부화한 병아리였기에 엄마가 없었다. 이를 관찰한 아이들은 네 개의 알 중에 한 마리만 살아서 슬퍼 울었지만, 동시에 한 마리의 소중한 생명이 살아 있음에 감사했던 경험이 있다. 그리고 그것은 즉흥적인 감사로 그치는 것이 아니었다. 작고 약한 생명을 보호하고 지키려는 노력을 지속적으로 하면서 '달이'를 위해 먹을 것을 가져다주는 일을 통해 인간을 제외한 다른 생명체의 소중함에 대해서 생각해 볼 수 있는 시간이 되었다. 앞으로 세상의 많은 관심이 지금보다 더 지구환경과 생태계 보호에 집중될 거라 생각된다. 헤세드에듀는 이미 10여 년 전부터

소자본으로 결국 해내는 여성창업, 콘텐츠가 답이다!

병아리 '달이'를 통해 생명을 존중하는 교육을 꾸준히 실천해 오고 있다.

성품은 창의력과 더불어 인간만이 가질 수 있는 능력으로 인공지능이 감히 넘볼 수 없는 영역이다. 인공지능이 진심으로 사랑하고 감사할 수 있을까? 상대방을 배려해 인내할 수 있는 덕을 가질 수 있을까? 인공지능이 기능 면에서는 인간보다 뛰어날 수 있지만 인간 고유의 복잡한 성품은 가질 수 없다.

인무백세인(人無百歲人)이나 왕작천년계(枉作千年計)라. '백 년도 못 사는 인간에게 천 년의 계획은 부질없다.'라는 유명한 글귀가 있다. 그러나 예술을 통한 교육, 창의적 사고를 하는 교육, 자연과 생명을 존중하는 성품 교육은 수천 년의 역사를 가지고 인류가 다음 세대에게 전해 준 유산이다. 이 변하지 않는 가치를 아이들에게 전해 주는 것, 그것이 바로 헤세드 에듀가 추구하고 실천하고 있는 오리지널리티다.

교육 회사뿐만 아니라 다양한 분야의 기업이 확실한 오리지널리티를 가질 수만 있다면 마케팅, 영업, 홍보, 시대 환경을 뛰어넘을 수 있다. 하지만 기업이 자신만의 오리지널리티를 갖지 못하면 끊임없이 마케팅, 영업, 홍보에 돈을 쏟아야 하며 격변하는 시대 환경에 흔들릴 수밖에 없다. 우리는 코로나를 지나왔고 저성장 시대에 살며 경기 불황과 인구절벽이라는 절체

절명의 시기를 지나고 있다. 하지만 이런 모든 시대 상황 속에 견딜 수 있는 힘은 바로 정확한 방향으로 나아갈 수 있는 오리지널리티에 있다는 것이다.

소비자들은 결국 물건의 가치와 철학을 사는 것이다. 애플을 좋아하는 것은 기계가 아니라 그 이상의 사용성과 브랜드의 유산(Heritage)을 좋아하는 것이다. 시간을 팔지 않으려면 생각을 팔아야 한다. 생각을 팔려면 생각이 차별화되어야 한다. 내가 쉽게 만들었다면 남들도 쉽게 카피해서 만든다. 상대가 나에게 뭔가 사려고 한다면 내게 상대가 갖고 싶어 하는 무언가가 있어야 한다. 그 안에 무엇을 담아 어떻게 구축하고 전달할 것인가를 고민해 봐야 한다. 사장은 이와 같은 일련의 과정들을 매일 훈련해서 몸과 마음에 아로새겨야 한다.

3

돈 없이도 성공하는 창업 전략

누구나 한 번쯤 언젠가는 '사업가'가 되어야 한다! 창업을 준비하는 분들이 자주 묻는 말 중 하나는 돈 없이도 창업할 수 있는지이다. 내 대답은 'Why not?'이다. 물론 돈이 전혀 없으면 안 되겠지만 직장 생활을 하며 적금을 들어 마련한 소자본으로도 얼마든지 창업은 가능하다. 나 역시 창업 초기 이천만 원으로 사업을 시작했다. 돈을 아끼고자 집 거실에서 시작했다. 돈이 부족하니 자연스럽게 헝그리 정신이 발휘되었다.

사업을 하는 데 있어서 가장 중요한 것은 시장을 보는 안목이며, 시장이 필요로 하는 아이템을 만들어 내는 능력이다. 사실 돈은 이러한 시장에 대한 안목과 능력이 있다면 자연스럽게 따라오기 마련이다. 그렇다면 충분한 초기 자본이 있다고 해서 사업이 성공할 수 있을까? 그렇지 않다. 주변을 보면 돈이 있음에도 불구하고 사업을 성공적으로 이끌지 못해 실패하는 경우를 많이 보았다. 오히려 나는 돈 없이 사업을 시작했기 때문에 지금의 성공이 있다고 생각한다. 믿기 어려울 수 있지만 사실이다.

나는 초기 자본금 이천만 원으로 회사를 설립했다. 법인 통장에 자금을 넣어 두고 정말 알뜰하게 회사 살림을 꾸려 나갔다. 창업 초기의 사장은 모든 일을 스스로 해낼 수 있어야 한다. 팔 수 있는 아이템을 기획하고 만들어 내는 것은 물론 마케팅, 영업, 세무, 행정, 법무, 회계, 물류까지 모두 직접 처리해야 한다. 만약 충분한 자본금이 있었다면 처음부터 직원을 고용했을 것이고 그랬다면 그 분야의 일들을 배우고 파악하기 어려웠을 것이다. 이 모든 일을 직접 해야 한다고 생각하는 순간 나는 내가 모르는 것이 너무 많다는 사실을 깨달았다. 돈 없이 창업해야 하는 이유는 바로 배움의 기회를 더욱 적극적으로 가질 수 있기 때문이다. 창업 초기는 자신이 하는 사업에 대해 모든 것을 밑바닥부터 배울 수 있는 최고의 기회라고 생각한다.

창업 초기에 가장 필요한 것은 먼저 사업 아이템을 기획하고 실행하는 결단력이다. 신규 창업 과정에서 불확실성이 가장 높은 단계가 바로 이 시점이다. 사업 아이템을 찾기 위해 선행되어야 할 단계는 창업자의 전문성이 어디에 있는지 정확하게 파악하는 것이다. 남들보다 잘할 수 있는 자신 있는 분야를 끊임없이 찾아내고 이를 지속해서 성장시키고 발전시켜야 한다.

나는 미국에서 북메이커로 다양한 분야를 공부했지만, 한국에 와서는 10년 동안 영어유치원, 국제학교, 영어학원 등의 교육기관에서 일했다. 그 이유는 유아와 아동을 대상으로 한 영어 커리큘럼, 교재, 교구 출판사를 창업하려는 계획을 세웠기 때문이다. 10년 동안 교육 현장에서 수많은 교재와 교구를 충분히 조사하고 직접 사용해 보면서 기존 교재들의 장단점을 파악할 수 있었다. 당시에도 시중에는 수많은 영어 교재가 존재했고 특히 수입해 사용하는 교재가 많았다. 내가 운영하던 교육기관에서도 다양한 미국 교과서를 사용했지만 직접 아이들을 가르치면서 아쉬운 점들이 눈에 보이기 시작했다.

영어를 제2외국어로 배우는 아이들에게 최적화된 교재와 교구를 개발하고자 하는 열망을 가지게 된 나는 이를 실행에 옮겨 개발을 시작했다. 그리고 교사들이 수업 시간에 사용할 수 있도록 제공했다. 현장에 직접 적용해 보면서 아이들에게 꼭 필요한 교재와 교구를 만들어 나갔다. 이를 통해 분명히 우리만의 블루오션이 존재한다는 사실을 확인할 수 있었다. 이처럼 현재 근무하는 직장에서 사업 기회와 아이템을 발굴하는 것이 중요하다. 사업 아이템의 기획과 개발은 반드시 사장이 직접 해야 한다. 자본이 부족하니 직원을 최소화할 수밖에 없고 모든 분야를 직접 담당하다 보면 사장은 자연스럽게 성장할 수밖에 없다. 사장의 성장은 곧 회사의 성장과 직결된다. 사장은 그야말로 팔방미인이 되어야 한다. 회사 아이템에 대한 아이디어를 내고 직접 개발도 해야 한다. 회사의 아이템에 대해 사장만큼 깊이 고민하는 사람은 없을 것이다.

나 역시 콘텐츠를 개발하는 개발자였다. 직접 개발하다 보니 스스로 부족한 점이 많다는 것을 깨닫게 되었고 필요한 모든 것을 닥치는 대로 배우고 또 배웠다. 이렇게 개발한 프로토타입을 가지고 소비자들을 만나기 위해 발로 뛰어다녔다. 처음부터 어느 것 하나 쉽게 맡길 수 없었다. 그러다 보니 늘 시간에 쫓기고 체력적으로도 힘든 시간이었지만 이 과정을 통해 나는 무한히 성장할 수 있었다. 시간이 지나 사업이 점차 성장하고 매출이 발생하자 직원들을 한두 명씩 고용할 수 있게 되었다. 내가 했던 방식대로 직원들에게 업무를 가르치고 그들이 잘 해낼 수 있도록 지원하면서 나의 보람도 커졌다.

직접 돈을 벌어 봐야 창업자는 돈의 소중함과 그 무서움을 깨닫게 된다. 적은 돈에도 감사함을 느낄 줄 안다. 돈 없이 시작했기 때문에 헝그리 정신을 발휘할 수밖에 없고, 그러다 보면 이전에 몰랐던 자기 능력을 발견하게 되니 그런 면에서 창업은 좋은 스승과 같다. 나는 미국 국적을 가지고 있다. 그래서 대출은 꿈도 꿀 수 없었다. 은행 거래가 쉽지 않다 보니 급한 자금이 필요할 때는 정말 힘들었다. 하지만 지금 생각해 보면 그때 만약 은행 대출이 자유로웠다면 나는 지금쯤 은행 채무가 매우 많았을지도 모른다. 회사에 급여를 지급해야 하는 날인데 동시에 거래처 인쇄 비용을 내야 할 때와 같이 급한 자금이 필요해 앞이 캄캄했던 순간도 있었다. 하지만 대출이 아예 불가능하다고 생각하니 오히려 지금의 형편에 맞게 어떻게든 해결해 나가게 되었다. 그러면서 자급자족하는 방법도 자연스럽게 터득해 나갔다. 충분한 자본금도 없고 대출도 불가능하니 내가 가장 집중했던 것은 즉시 수익을 창출하는 것이었다. 작은 회사의 전략은 무조건 돈을 벌어 살아 버티는 것이다. 살아남기 위해서는 매출이 있어야 하고 바로 수익을 창출해야만 생존할 수 있다.

창업은 자본보다 창업자의 결단력, 아이디어 그리고 끊임없는 배움과 실행력이 가장 중요하다. 돈이 없을 때 더욱 강해지고 스스로 능력을 발견하게 되는 과정이 창업의 본질이라고 할 수 있다. 자본이 부족할 때 생기는 어려움은 오히려 창업자를 더 성장하게 만들고 사업에 대한 깊은 이해와 실질적인 경험을 쌓게 한다. 스스로 모든 과정을 경험하고 배운 창업자는 회사의 모든 부분을 더 잘 이해하며 결국 그 회사의 성장은 창업자의 성장과 직결된다. 자급자족하며 작은 성공을 쌓아 나가는 과정에서 우리는 그 어떤 자본보다도 값진 경험을 얻게 된다. 이러한 경험은 사업을 장기적으로 성공으로 이끄는 가장 강력한 자산이 된다.

시작은 아파트 거실에서

'열정은 우연한 곳에서부터 시작된다'라고 했던가. 내 안의 열정이 불이 되어 타오른 곳은 바로 우리 아파트 거실이었다. 당시 이천만 원으로 창업을 시작했기에 사무실을 마련할 여유조차 없었다. 그러나 돈이 없다는 이유로 창업을 미룰 수는 없었다. 거실에 있던 가구들을 모두 치우고 책상과 회의 테이블로 교체했다. 가족들이 아늑한 공간을 포기해야 했지만 고맙게도 나의 도전을 응원해 주었다. 사실 나는 거실에서 창업했다는 것이 너무 자랑스럽다. 애플, 구글, 월트 디즈니 모두 차고에서 시작했다. 그들은 세계를 뒤흔든 혁신의 주인공들이다. 나 역시 우리 집 거실에서 시작해 교육계의 혁신을 꿈꿨다.

1998년 누군가 빌 게이츠에게 "당신 회사의 라이벌은 누구입니까?"라

소자본으로 결국 해내는 여성창업, 콘텐츠가 답이다!

고 물었다. 그는 "어딘가의 차고에서 작은 회사를 세우고 무언가를 만들어 내려고 하는 젊은이들입니다."라고 답했다. 그 후 1998년 9월 한 차고에서 구글이 탄생했고, 20년 후 구글은 마이크로소프트와 경쟁하는 회사가 되었다. 스탠퍼드 학생들이 대학 과제로 차고에서 검색 엔진을 만들었고 그들이 만든 구글에서는 매일 35억 건 이상의 검색이 이루어지고 있다.

내가 거실을 선택한 이유는 재정적인 이유도 있었지만, 거실은 자유롭게 생산적인 활동을 할 수 있는 장소였기 때문이다. 아이디어가 떠오를 때 주변 도구들로 쉽게 시각화할 수 있어 많은 혁신이 탄생했다. 다섯 명의 직원이 매일 아침 9시에 집으로 출근했다. 나중에는 거실뿐만 아니라 집 안 모든 공간이 회사의 공간이 되었다. 무엇보다도 남편과 아들에게 미안한 마음이 컸다. 초등학교 2학년 아들은 집에서 노는 것을 좋아했지만 늘 사람들과 물건들로 뒤죽박죽인 집에 일찍 오고 싶지 않다고 투정을 부리곤 했다.

아파트 거실에서 회사를 운영하다가 우연히 판교 테크노밸리에서 사업을 하는 대표님에게 연락이 왔다. 그의 사무실 일부가 비어 있으니 사용해도 좋다는 제안이었다. 가족들도 거실을 양보하는 데 한계에 다다랐을 때라 나는 즉시 이사를 결심했다. 새로운 사무실은 신세계였다. 제대로 된 사무 공간에 다양한 시설이 갖춰져 있었다. 그날의 감격을 잊을 수 없다.

그 후 회사는 네 번의 힘든 이사를 거쳤다. 헤세드에듀는 연구실, 행정, 공장, 물류 등이 함께 움직여야 하는 시스템이라 포장 이사로는 해결이 되지 않았다. 정말 이사 걱정 없이 우리만의 보금자리를 간절히 원했다.

두 번째 모태펀드 투자가 결정되면서 나는 일부 투자금을 헤세드에듀의 소중한 보금자리를 마련하는 데 사용하기로 했다. 5년 전, 정부의 지식산업센터 지원 정책을 알게 되었다. 당시 광교에 지식산업센터가 분양 중이었다. 현장을 확인하니 모든 조건이 완벽했다. 경기대와 서울대 융합대학원이 인접해 있었다. 투자금의 일부를 과감히 지식산업센터를 소유하는 데 투자했다. 창업을 준비하는 이들에게는 상가 건물보다 지식산업센터를 적극 추천한다. 처음부터 분양받거나 직접 사면 좋지만, 상황이 여의찮다면 임대하더라도 일반 상가보다 저렴하다. 지식산업센터는 회사들이 입주해 있어 쾌적한 근무 환경을 제공한다. 또한 분양받았을 경우 최초 입주 기업은 취득세 50% 감면 및 재산세 37.5% 감면 혜택이 있으니 꼭 신청하기를 바란다.

사업을 하다 보면 돈이 들어갈 곳이 많지만, 여유자금이 조금이라도 있다면 분양을 받는 것을 추천한다. 매월 월세 내는 것처럼 이자를 내면 된다. 지식산업센터는 대출이 잘 나오고 다주택자나 규제 지역에 대한 대출 규제가 없다. 지금 광교 사무실은 직원들에게 쾌적하고 편안한 환경을 제

소자본으로 결국 해내는 여성창업, 콘텐츠가 답이다!

공하고 있다. 물류 엘리베이터도 가까이 있어 물량 출고가 수월하다. 처음 이사했을 때 이 사실이 가장 기뻤다. 마치 우리 회사를 위해 이 건물이 존재하는 것 같았다. 이제 이사 걱정 없는 헤세드에듀의 아늑한 보금자리를 마련하게 된 것이다.

어느새 아파트 거실에서 시작한 창업은 추억이 되고 역사가 되었다. 지금, 이 순간에도 누군가는 창업을 꿈꾸고 있을 것이다. 마음이 뜨겁다면 제약적인 상황에 굴복하지 말고 용기를 내 창업부터 해라. 바로 당신이 있는 그곳에서!

5

트렌드는 변하지만 본질은 영원하다

"10년이 지나도 변하지 않는 것에 집중해야 헛고생을 하지 않는다. 시간이 흘러도 변하지 않는 가치에 돈과 시간을 할애하는 것이 좋지 않을까." 아마존닷컴 회장 제프 베이조스가 한 말이다. 나는 제프 베이조스와 경영 철학이 매우 흡사하다. 회사를 처음 창업했을 때 집중했던 철학이 바로 시간이 흘러도 변하지 않는 가치에 집중하는 것이었다.

10년간 교육 현장에서 원장으로 일하며 깨달은 변하지 않는 가치는 교사들과 아이들의 수업을 풍성하고 빛나게 해 줄 교재와 교구를 지속해서 제공하는 일이었다. 우리 회사의 교재와 교구들은 국제학교, 사립 초등학교, 초등전문 영어학원, 영어유치원, 영어 놀이 학교에서 사용된다. 이 기관들은 인생의 가장 중요한 시기에 있는 아이들이 매일 등원하는 곳이다.

이 시기의 교육은 유아의 발달을 잘 파악하고 그들에게 적합한 교육을 제공하는 것이 중요하다.

한국으로 돌아와 처음 일하게 된 곳은 영어유치원이었다. 이곳의 아이들은 5세부터 원어민 선생님과 영어로 유치원 교육을 받는다. 한국의 조기 영어 열풍이 만들어 낸 결과물이다. 처음에는 영어유치원이 매우 낯설었다. 내가 한국을 떠날 때만 해도 중학교 1학년 때부터 영어를 배웠는데 지금 아이들은 다섯 살부터 영어를 배운다니 놀랍고 신기했다. 미국에서 직장을 다니고 다시 대학에서 북 메이킹을 공부할 때도 내게 영어는 좀처럼 넘기 힘든 장벽이었다. 나이 들어 배운 영어는 발음도 그렇고 자연스럽게 의사소통하기에 한계가 있었다. 무엇보다도 언어가 발달하는 시기에 모국어와 동시에 영어를 발달시키는 것이 좋겠다고 생각했다.

영어유치원에는 수많은 아이러니가 존재한다. 다른 유치원과 마찬가지로 교육 대상은 유아들이지만 모든 수업이 영어로 진행된다. 교사들은 유아교육을 전공하지 않은 젊은 원어민 선생님들이었다. 유아들에게는 영어라는 언어보다 발달 단계에 맞는 교육 과정이 절실했으나 당시 영어유치원은 초기 시장이어서 아이들이 사용할 교재가 적절하지 않았다. 더구나 비싼 학비를 감수하고서라도 영어유치원에 아이를 보내는 부모들은 전인교육보다는 영어를 잘하는 아이가 되길 바랐다. 그러다 보니 미국 아이들이 사용하는 미국 교과서를 무작정 사용해야 했고 그것은 마치 아이들에게 투박하게 내온 갈비를 통째로 먹여야 하는 모습과 크게 다르지 않았다.

나는 이러한 아이러니를 바로 잡아야 한다고 생각했다. 그때 내게 미국에서 경험한 미국 유치원 콘셉트가 떠올랐다. 영어를 모국어처럼 습득해 글로벌 인재로 키우려는 학부모들의 니즈에 유아교육을 더하자고 다짐했다. 매일매일 관찰하며 수업 현장에서 필요한 교재, 교구들을 만들기 시작했다. 성실은 일을 성취하게 하는 힘이 있다. 그렇게 10년 동안 콘텐츠를 끊임없이 개발해서 교육 현장에 적용했다. 영어유치원의 아쉬운 부분들을 더 이상 찝찝하게 마음 한구석에 담아 놓지 않기로 한 것이다. 교사들과 아이들이 교재만 사용하지 않고 교구들을 활용해 아이들의 발달에 맞는 교육을 하자고 굳게 마음먹었다. 나도 또래의 아이를 키우는 같은 엄마였기 때문이었다.

예를 들어 솔라 시스템이라는 과학 영역을 7세 아이들에게 영어로 배우게 한다고 생각해 보라. 아이들이 익숙하지 않은 과학 영역 안에서 솔라 시스템이라는 새로운 개념을 모국어가 아닌 영어로만 학습한다면 정확한 개념이나마 배울 수 있을까? 이해는 차지하고라도 그 수업이 재미가 있을까? 아이들에게 재미는 배움으로 직결된다. 또한 아이들은 오감을 통해 배움을 받아들인다. 시각, 미각, 청각, 후각, 촉각이 고루 발달해야 집중력과 창의력도 잘 키울 수 있다. 오감을 통해 경험한 모든 것이 지각 발달을 촉진하고 지식으로 축적된다. 수업 현장을 참관하면서 아이들이 직접 행성을 만들어 오감을 자극하고 몸이 기억하는 활동을 통해 영어를 배우게 하면 어떨지 생각했다. 그리고 바로 연구실로 달려가 몇 날 며칠을 솔라시스템 만들기 교재와 교구를 연구해 시장에 선보였다. 시장의 반응은 폭발적이었다.

끊임없는 질문과 수정, 보완, 반복이 결국 오늘날의 헤세드에듀를 만들었다. 쉬운 길을 찾아 창업하려는 사람도 있지만, 나는 굳이 어려운 길을 선택했다. 조금씩 벽돌을 쌓아 가는 방식으로 나만의 혁신을 만들어 갔다. 견고한 벽돌로 쌓은 혁신은 쉽게 무너지지 않는다.

이 시대의 아이들은 배워야 할 것이 많다. 이왕 배워야 한다면 프로젝트 활동으로 행복하게 배우게 하자. 자기 주도 학습이 이루어지고 창의적 사고력이 키워질 수 있는 프로젝트 수업 방식이야말로 아이들에게 필요한 교육이라고 믿는다. 이 교육이야말로 아이들에게 변하지 않는 가장 효과적인 배움의 방식이라고 생각한다. "안 써 본 사람은 있어도 한 번 쓴 사람은 없다."라는 표현이 우리에게 딱 맞다. 교사들은 이직할 때 항상 우리 콘텐츠를 소개하고, 학부모들도 이사할 때 우리 콘텐츠를 사용하는 교육기관을 찾는다.

혹자는 '그거 기존에 있었던 거잖아. 누가 모르나?' 이렇게 말할 수도 있다. 그러나 나는 기존에 있어서 모두 알고 있던 바로 그 아이디어를 가장 먼저 비즈니스화했고, 누구든지 수업에 편리하게 사용할 수 있도록 상용화했다. 이후에도 비슷하게 벤치마킹한 회사들은 많았지만, 우리는 여전히 프로젝트 교육 시장에서 1등 브랜드라는 명성을 유지하고 있다. 변하지 않는 가치는 우리 주변에 늘 존재한다. 창업을 꿈꾼다면 변하지 않는 가치에 성실함으로 집중하자. 하루가 다르게 신생기업이 나타났다 사라지는 치열한 교육 현장에서 헤세드에듀는 10년 동안 성실함과 꾸준함을 무기로 오늘도 성장하고 있다. 한 방울의 물이 바위를 뚫듯, 꾸준함이 재능을 이긴다.

소자본으로 결국 해내는 여성창업, 콘텐츠가 답이다!

3부

무섭도록 몰입하라

(헤세드에듀의 성장 이야기)

이 또한 지나가리라

사업을 시작한다는 것은 수많은 도전과 정면으로 마주해야 하고, 수많은 문제를 해결하며 잘 버텨 나가는 싸움이다. 특히 여성 사업가로서 나는 종종 더 큰 짐을 짊어진 듯한 느낌을 받을 때가 많다. 가정과 사업이라는 두 마리 토끼를 놓치지 않아야 한다는 중압감이 매 순간 나를 힘들게 했다. 경쟁은 점점 더 치열해지고, 예기치 못한 위기들이 불쑥 튀어나올 때마다 나는 흔들리곤 했다. 거센 폭풍 앞에서 '과연 이 일을 계속할 수 있을까?', '내가 이 길을 선택한 것이 맞을까?'라는 의문이 들기도 한다. 눈앞의 문제들이 너무 커 보이고 그 모든 것을 이겨 낼 힘이 좀처럼 생겨나지 않는다. 하지만 뒤돌아보면 언제인지 모르게 그 고비를 지나왔음을 알게 된다. 그리고 끈기가 길러지고 맷집이 좋아진 자신을 발견하게 된다.

살다 보면 예상치 못한 위기들이 항상 찾아온다. 사업도 마찬가지다. 특히 사업 초기에 자금, 인력, 경쟁 등의 문제로 늘 스트레스를 받는다. 어느 날, 중요한 클라이언트와의 계약이 취소되면서 회사 매출에 큰 타격을 입게 되었다. 교육 프랜차이즈 본사의 영업을 뚫는 일은 결코 쉬운 일이 아니었다. 그러나 나는 어렵게 본사 영업에 성공했고 1년간 전국의 프랜차이즈 학원에 우리 교재를 잘 공급해 오고 있었다. 그러던 중, 1년째 되는 어느 날 갑자기 본사에서 우리 교재 대신 다른 교재를 사용하겠다는 통보가 날아왔다. 청천벽력과 같은 비보였다. 우리는 이미 학원들의 주문 물량을 예상하여 교재와 교구를 모두 준비해 놓은 상황이었다. 그 소식을 처음 통보받았을 때는 망치로 머리를 얻어맞은 기분이었다. 그러나 나는 곧 정신을 가다듬고 평정심을 찾기로 마음먹었다. 이 문제를 감정적으로 대응하지 않고 객관적으로 바라보기 시작했다. 원인을 찾아보니 타 회사가 우리 회사 제품과 거의 흡사한 제품을 출시하여 더 나은 가격 조건으로 납품하겠다는 제안서를 프랜차이즈 본사에 제출했다. 본사에서는 그 회사 제품이 우리 것과 비슷해 보이는 데 반해 가격은 저렴했기에 하루아침에 타사 제품으로 갈아탄 것이었다.

우리 제품 가격에 비해 무려 20% 저렴하게 제안한 상황이었다. 직원들 사이에서는 우리도 더 저렴한 가격에 맞춰 다시 제안해 보면 어떻겠냐는 의견도 있었지만, 그 생각은 우리 회사의 기존 가격 정책을 무너뜨릴 수 있는 위험한 발상이었다. 이미 준비한 물량은 많았고 매출에 타격이 있었지만 나는 차분히 때를 기다렸다. 왜냐하면 우리 제품에 대한 깊은 신뢰가 있었기 때문이다.

정확히 3개월 후, 프랜차이즈 본사가 아닌 전국의 개별 학원들에서 연락이 오기 시작했다. 다시 우리 제품을 사용하겠다는 주문이 쇄도하기 시작한 것이다. 이미 우리 제품을 1년 동안 사용해 온 전국의 원장들은 본사가 독단적으로 교재를 바꾼 것에 불만을 표했다. 특히 새로운 제품의 품질이 현격히 떨어져 학부모들의 불만까지 이어졌다는 이야기를 들었다. 전국의 개별 학원들이 일제히 우리 제품을 다시 주문하기 시작했다. 이후 우리는 프랜차이즈 본사를 통하지 않고 직접 비즈니스를 진행하게 되었다. 이 위기를 통해 가격 경쟁에 급급하기보다 제품의 품질과 신뢰를 유지하는 것이 장기적으로 더 큰 성공을 가져다준다는 사실을 깨달았다. 인내와 믿음으로 기다린 덕분에 더 큰 기회를 얻을 수 있었다. 게다가 이 일을 계기로 전국의 개별 학원 원장들과 더욱 두터운 신뢰 관계로 발전할 수 있었다. 이 위기는 결국 전화위복이 되었다.

위기는 사업을 하는 동안 끊임없이 찾아온다. 그중에서도 가장 잊을 수 없는 순간 중 하나는 인건비 절감을 피할 수 없었던 상황이었다. 당시 사업은 5년 차에 접어들었고 매출은 서서히 상승하고 있었지만, 지출이 매출에 비해 훨씬 많았던 시기였다. 특히 인건비가 경영에 큰 부담이었다. 회사는 더 이상 인건비를 충당할 여력이 없었고 직원들의 급여도 제때 지급되지 못하고 있는 최악의 상황이었다.

이러한 상황 속에서 직원들 사이에 불안감이 팽배해졌다. 회사의 재정 상황이 점점 어려워지고 있다는 것을 느낀 팀원들은 근심에 가득 차 있었다. 그리고 그 불안감은 회의 분위기나 일상적인 대화 속에서도 확연하게 드러났다. 팀원들은 내 결단을 기다리고 있었고 나는 조직 개편과 함께 구조조정 계획을 세우기로 마음먹었다. 팀원들 개개인의 성과와 회사의 장기적인 목표를 고려하여 어떻게 해야 회사가 다시 성장할 수 있을지를 고민했다. 인건비를 절감하면서도 핵심 인재들을 잃지 않도록 하는 것이 무엇보다 중요한 과제였다.

결정은 쉽지 않았다. 내가 어떤 결정을 내리느냐에 따라 많은 사람의 생계가 달려 있음을 너무나 잘 알고 있었기 때문이다. 진정 이것이 최선책일까, 다른 방법은 없을까라는 질문이 끊임없이 머릿속을 맴돌았다. 그러나 상황은 더 이상 미룰 수 없는 지경에 이르렀다. 나는 생각하기를 멈추고 실행하기로 했다.

다음 날, 나는 팀원들을 한자리에 모았다. 솔직하게 상황을 설명하는 것

소자본으로 결국 해내는 여성창업, 콘텐츠가 답이다!

이 중요하다고 생각했기 때문이다. 나는 그들에게 회사가 직면한 재정적 어려움을 솔직하게 털어놓았다. 그들은 이미 어느 정도 감지하고 있었기 때문에 나의 말에 충격을 받는 것 같지는 않았지만, 구체적인 구조조정 이야기가 나왔을 때는 모두 어두운 표정이었다. 구조조정이 불가피한 상황이었지만 나는 팀원들이 이 상황을 위기로만 보지 않기를 바랐다. 우리는 함께 일해 왔고 함께 성장해 왔다. 이 위기를 어떻게 극복하느냐에 따라 더 나은 미래를 만들 수 있다고 확신했다. 그래서 나는 그들에게 기회를 강조했다. "이 위기는 우리가 성장할 기회입니다. 새로운 전략으로 나아가야 합니다."

구조조정 이후, 핵심 인재들과 함께 우리는 회사의 전략을 재정비하기 시작했다. 우리에게 필요한 것은 성장을 위한 새로운 돌파구였다. 고객의 요구에 더 민첩하게 대응하고, 내부 프로세스를 간소화하며, 혁신적인 아이디어를 도입하는 데 집중하기로 했다. 우리는 회의마다 치열하게 논의했고 매일 밤 새로운 아이디어를 가지고 다시 모였다. 그 과정에서 자연스럽게 팀원들 간의 협력도 강화되었고 사기는 점점 회복되기 시작했다. 특히 팀의 핵심 인재들은 회사의 새로운 방향에 대해 깊이 공감했다. 그리고 그 과정에서 더 큰 책임감을 느끼며 적극적으로 나섰다.

그 결단은 회사를 더 나은 방향으로 이끄는 중요한 전환점이 되었다. 구조조정을 통해 회사를 안정시키는 데 성공했고 새롭게 재정비된 전략 덕분에 매출은 다시 상승세를 탔다. 무엇보다도, 팀원들과의 신뢰와 협력은 그 어느 때보다 강해졌다. 이 경험을 통해 나는 리더의 결단력이 얼마나 중요한지를 다시금 깨달았다. 위기 상황에서는 두려움에 갇히지 않고 신속하고 명확하게 결정을 내려야 한다는 것을 뼈저리게 배웠다. 리더가 상황을 회피하거나 결정을 미루면 문제는 더 악화할 뿐이라는 사실을 몸소 체험했다. 위기는 단순한 고난이 아닌 회사의 더 큰 성장을 위한 기회일 수 있다. 그 과정에서 사장은 더 단단해질 것이다. 포기하고 싶을 만큼 무시무시한 괴로움 한가운데 서 있는가? 도망가지 말고 정면으로 부딪쳐라. 희망적인 건 그 또한 지나간다는 것이다.

투자를 끌어당기는 마법

네바다주에는 '죽음의 계곡(Death Valley)'이라 불리는 곳이 있다. 1800년대 금광을 찾아 미국 서부로 몰려들던 사람들이 길을 잘못 들어 이 계곡까지 오게 되었다고 한다. 그들은 낮에는 살인적인 더위에, 밤에는 얼어붙을 강추위에 시달렸지만, 불굴의 의지로 이곳에서 살아왔다 해서 붙여진 이름이다. 사업을 시작하면 누구나 어려운 시기를 겪는다. 그때를 '죽음의 계곡'에 빗대어 종종 말한다. 사업을 하면서 언제쯤에 나는 죽음의 계곡에 있었던가.

창업 후 일정 시기가 되면 사업화 단계에서 자금 조달과 시장 진입 등 다양한 어려움을 겪게 된다. 누구나 처음 맞이하는 위기를 극복해 내지 못하면 꽃도 피워 보지 못하고 역사의 뒤안길로 사라지게 된다. 일반적으로 회사 설립 약 3년쯤이 되면 모두에게 찾아온다는 '죽음의 계곡'을 만나게 된다. 내게 가장 큰 문제는 돈이었다. 처음 1~2년은 정말 어렵게 버텼지만 3년이 되었음에도 여전히 매출이 불안정했다. 개발과 영업 마케팅을 진행하는 데 자금은 늘 턱없이 부족했다.

죽음의 계곡을 건너는 것은 정말 쉽지 않았다. 남들은 모두 잘하고 있는데 '나만 왜 이럴까'라며 수백 번 자책하면서 준비 없이 무모하게 창업한 것을 얼마나 후회했는지 모른다. 사업을 하면서 매번 느끼지만, 화살은 날아들기 마련이고 화살 하나를 피하려고 하면 오히려 화살 세례를 맞게 된다. 그럴 땐 통 크게 몇 번 맞자고 생각하면 오히려 마음이 편하다. '강한 자가 살아남는 것이 아니라 살아남는 자가 강한 자'라고 했다. 스타트업에 중요한 것은 대단한 성공이 아니라 실패하지 않는 기술이다.

특히 R&D(Research and Development) 기반의 회사들은 초기 자본금을 3년 이내에 모두 소진한다. 회사가 핵심이 되는 제품을 개발하기까지는 어려운 과정을 거쳐야 하지만 결국 자금 부족으로 상용화에 실패하는 상황을 쉽게 찾아볼 수 있다. 3년 차가 되더라도 매출은 턱없이 부족하고 제품 역시 소비자의 지속적인 구매를 끌어 올리기에는 한참 부족하다. 헤세드에듀도 3년이 되어서야 시장에서 인정받는 제품을 만들기 시작했다. 마라톤에 비유하자면 3년은 출발 선상에 설 자격이 주어진 것일 뿐

소자본으로 결국 해내는 여성창업, 콘텐츠가 답이다!

아직 운동화 끈도 제대로 묶지 못한 상황이라 할 수 있었다.

사업 3년 차에 접어들면서부터 본격적인 자금과의 전쟁이 시작되었다. 이제 막 희망과 가능성이 보였다. 소비자에게 조금씩 긍정적인 피드백이 오기 시작했지만, 폭풍과 같이 세차게 밀어닥치는 자금의 압박은 견디기 힘들었다. 진두지휘하는 장군으로서의 고민이 날로 깊어 갔다. 매일 치러야 하는 전쟁의 한복판에서 총알이 계속 소진되어 가는 것을 보고 있노라면 참 난감하고 고통스러웠다. 이 난제를 과연 누구라서 쉽사리 풀 수 있으며 누구와 나눌 수 있었겠는가. 당장 급한 거래처 비용, 인쇄소, 교구 재료, 직원들 급여, 월세, 관리비 등 정해진 날짜에 모두 지급하지 못한다면 바로 그들에게 죄인이 되는 것이다.

이윽고 한순간에 내가 만나는 모든 사람이 빚쟁이로 변했다. 수없이 받았던 내용 증명, 밀린 렌트비 청구서, 이자 요청서들이 책상에 한가득이었다. 그러던 어느 날, 그 지독한 돈 가뭄에 시원한 소나기를 만나게 되었다. 바로 헤세드에듀가 벤처 캐피털로부터 씨드 3억을 투자받게 된 것이었다. 앞서 언급한 것처럼 헤세드에듀는 교육 회사다. 참고로 출판사, 콘텐츠 회사 형태의 교육 회사는 투자자들이 가장 흥미 없어 하는 사업 분야라고 한다.

그 행운은 우연이었다. 투자에 대한 프로세스 전반을 도와줄 에이전시와 미팅을 갖게 되었고 우리는 없는 형편에 거금 오백만 원을 착수금으로 투자를 받기 위한 과정에 돌입했다. 우선 헤세드에듀라는 기업에 조금이라도 관심 있는 투자자를 만나기 시작했다. 피칭할 수 있는 자료를 만들어서 회사가 최대한 매력적으로 보일 수 있게 해야 했다. 그 당시 재무제표는 자본잠식 상태였으니 누가 봐도 최악이었다. 당시 우리 회사는 이 투자금이 아니면 희망이 보이지 않았기에 목숨을 걸고 준비해야 했고 헤세드에듀의 가능성을 극대화하며 표현하기 시작했다. 자금줄이 사방에서 막힌 상황에서 투자는 반드시 잡아야 하는 동아줄이었다. 회사에 관심 있는 벤처투자기관 대표님과 첫 만남이 있던 날을 생생히 기억한다. 마치 수능 시험을 치르는 고등학생처럼 긴장과 떨림은 나를 흔들고 있었다.

"최정화 대표님! 간단하게 회사 소개 10분 이내에 부탁드립니다."

조금은 쌀쌀맞은 냉정한 요청이었다.

"대표님! 우리 회사는 10분 만에 이야기할 수 있는 회사가 아닙니다. 저에게 시간을 조금 더 주세요."

"그렇군요. 하지만 저는 10분 듣겠습니다."

"알겠습니다. 최대한 핵심만 말씀드리도록 노력해 보겠습니다."

갑자기 알 수 없는 오기가 발동하기 시작했다. 이 세상에서 가장 행복하게 10분을 발표하리라 다짐하는 순간이었다. 일단 긴 호흡으로 긴장을 풀고 미소를 띠며 술술 스토리텔링을 시작했다. 정확히 10분 발표였다. 첫 미팅이었는데 대표님의 반응은 약간 혼란스러운 듯 보였다. 한참을 생각하시다가 "헤세드에듀 대표님의 모습을 보면 대표 같지 않은데 일단 회사에서 만든 교재와 교구들은 참 좋은 것 같습니다."라며 고개를 계속 갸우뚱했다.

주어진 10분을 마치고 나니 그야말로 다리에 힘이 풀려서 의자에 털썩 주저앉고 말았다. 그때부터 많은 질문들이 한여름 소나기처럼 쏟아졌다.

"벨류는 어떻게 생각하세요?"

"향후 마일스톤은 어떻게 잡고 계시나요?"

"고객의 리텐션 유지를 위해 어떤 마케팅 전략을 갖고 계시나요?"

"당장 필요한 자금을 어느 정도 생각하셨나요?"

.

쏟아지는 질문의 대부분은 너무나 생소했다. 조금만 쉽게 질문해 주시겠느냐며 겨우겨우 답변해 나갔다. 그 이후로 벤처투자기관 대표님과 수도 없이 만났다. 아침저녁으로 개발하고 영업하는 상황에 대표님이 요청하는 발표 자료들을 해내느라 정말이지 피똥을 싼 기억이 생생하다. 첫 번째 펀드는 부산은행의 자금이었다. 마지막 피칭은 부산시 공무원들과 부산은행 임원들 앞에서 해야 했기에 더욱 두렵고 떨렸다. 나는 잘하고 싶은 마음에 피칭 자료를 전문가에게 맡겼다. 역시 전문가의 손길이 느껴지는 화려한 디자인과 매력적인 문구들이 가득한 자료집이었다. 누가 봐도 완벽했다. 나는 발표할 원고를 달달 외우고 또 외웠다. 하지만 누군가가 만들어 준 자료가 내 옷처럼 잘 맞기란 참으로 어려웠다. 남의 옷을 입은 것처럼 어색하고 불편했다.

마지막 피칭 바로 전날 밤 10시가 되자, 나는 하루 종일 찜찜한 고민을 털어 버리기로 했다. 나의 이야기로 다시 만들자. 그렇게 시작해서 꼬박 밤을 지새웠다. 다음 날 새벽 기차를 타야 했기에 시간이 촉박했다. 다시 만든 자료를 가지고 충분히 연습할 수는 없었지만, 나의 이야기였기에 마음은 편했다. 부산역에 내려서 아슬아슬하게 장소에 도착했는데 생각보다 많은 분들이 나를 기다리고 있었다.

간절한 회사 상황과 달리 나의 마음은 평정을 유지했고 결국 세상에서 가장 행복한 대표의 모습으로 당당하게 해낼 수 있었다. 마지막 피칭을 모두 마쳤을 때 어디에선가 구수한 부산 사투리가 들려왔다. "한국의 아이들이 헤세드에듀 콘텐츠로 공부해야 한다고 생각합니다."라고 그곳에 계신 심사관께서 기립해서 박수를 치는 것이 아닌가. 순간 눈물이 나왔지만 겨우 참았다. 그날 다른 분들의 반응 역시 뜨거웠고 힘찬 응원의 박수를 보내 주셨다. 3일 후, 투자 결정이 확정되었다는 연락을 받았다. 모든 투자 조건을 꼼꼼하게 확인하고 계약서에 법인 도장을 찍는 순간, 세상을 모두 얻은 기분이었다.

투자 계약을 체결한 날 투자사 대표님은 나에게 소머리국밥을 먹으러 가자고 하셨다. 소머리국밥은 먹어 본 적이 없었지만 가자고 하시니 식당에 따라갔다. 뜨겁게 김이 올라오는 국밥을 마주하고 있는데 긴장이 조금 풀려서인지 안경 너머로 눈물이 쏟아졌다. 먹음직한 고깃덩어리가 한가득 들어찬 국밥 그릇을 앞에 두니 눈물이 봇물 터지듯 쏟아졌다. 대표님은 나에게 "소머리국밥이 먹기 싫어서 우시는 거예요?"라며 농담을 하셨다. "대표님, 죄송해요. 주책맞게 눈물이 나네요."라고 말했다. 내 모습에 적잖이 당황하실 법도 한데 대표님은 본래의 냉정함을 잃지 않고 말씀하셨다. "최정화 대표님! 이제 그 누구 앞에서도 우시면 안 돼요. 특히 투자자 앞에서요. 약한 모습 보이는 대표에게는 누구도 투자하지 않습니다." 맞는 말이었다. 그러나 그 말은 내 가슴에 비수가 되어 날아와 꽂혔다. "국밥이 맛있어서 우는 거예요, 국밥이." 나는 세상에서 가장 기쁜 날, 세상에서 가장 서러운 국밥을 꾸역꾸역 먹었다.

오기로 생전 처음 먹어 보는 소머리국밥을 다 먹었다. 집에 오는 길에 체해서 정말 죽는 줄 알았다. 다음 날 투자금이 법인 통장에 찍혔고 은행 가서 잔액 증명서도 발행했다. 그날을 어떻게 잊을 수 있을까? 미래 가치를 보고 결정해서 돈을 집행하는 것이 바로 투자이다. 배터리가 겨우 1% 남아 있을 때 받은 절체절명의 소중한 투자금이었다. 만약 그 시기에 투자를 받지 못했다면 헤세드에듀가 지금처럼 건실한 기업이 되었을까? 그 투자금으로 영업할 수 있는 판로를 개척하고 전국 지사 유통망을 세팅하기 시작했다. 그야말로 전국을 누비고 다녔다. 투자를 진행하고 그 이후에도, 아니, 지금까지도 숱한 위기의 순간을 마주한다. 무엇보다도 사업은 광야를 걷는 일임을 받아들이고 모든 역경에도 쉽게 좌절하지 않고 긍정적인 힘으로 결국 해내야 한다는 정신이 중요하다.

사업이라는 것은 불확실성의 끝판왕이다. 오늘날의 경영 환경은 어느 때보다 예측 불가능하고, 전 세계가 AI 산업으로 더 복잡하게 연결되고 있다. 그 끝이 어디인지 예상하기 힘든 이 시기에 외부의 어떤 어려운 환경이라도 능동적으로 대처할 수 있는 '회복탄력성(Resilience)'이 중요하다고 생각한다. 한 번 거절당했다고 실패라고 생각하지 말고 문이 열릴 때까지 두드리자. 그래도 열리지 않으면 내일 또 두드리면 된다. 그러니, 가슴을 쭉 펴고 당당하게 세상을 향해 자신이 만든 것을 자랑하자. 수없이 마주하는 높은 산들을 만날 때마다 발명왕 토머스 에디슨의 말을 기억하길 바란다.

"나는 실패하지 않았다. 다만 작동하지 않는 만 가지 방법을 발견했을 뿐이다."

우아한 리더의 말 그릇

리더의 말 그릇은 곧 그 사람의 인격 그릇과도 비례한다. 하지만 리더가 되었다고 해서, 나이를 먹는다고 해서 저절로 말 그릇이 품격 있게 키워지는 것은 아니다. 이것 역시 공부하고 노력해야 키울 수 있는 것이다. 조직이 크건 작건 리더의 말은 조직과 개인을 살리기도 하고 죽이기도 한다. 어떤 사람이 리더의 한마디로 열정을 다해 일하는 반면, 반대로 열정이 있던 사람이 그 일을 갑자기 하기 싫어지는 것 또한 리더의 한마디가 결정적이다. 이게 리더의 말이 가진 힘이다.

하지만 리더도 사람인지라 감정이 앞서거나 순간적으로 말이 먼저 나가는 경우가 종종 있다. 아무리 훌륭한 리더라도 완벽한 통제력을 항상 유지하기는 참으로 어렵다. 때로는 피로와 스트레스, 압박감 속에서 잘못된 말이나 부정적인 표현이 튀어나오는 일이 너무 많다. 사업 8년 차에 접어들었을 때 나는 부서장 회의만 하면 심하게 화를 냈던 적이 있었다. 이건 회의가 아니라, 말 그대로 전쟁이었다. 그런 회의를 하는 날이면 나는 자신을 스스로 심하게 자책하곤 했다.

"왜 또 그랬지. 내가 직원들에게 화풀이하는 건가? 나는 리더로서 자격 미달이야. 누가 나 같은 사람을 따르고 일을 해 나가겠어."

부서장들은 회의에 참석하는 날이면 얼굴이 굳어 있었고 매주 회의 분위기는 살얼음판을 걷는 것 같았다. 그러다 보니 회의는 더 이상 회의가 아니라 모두에게 벌 받는 시간이 되어 버렸다. 나는 잠시 회의를 중단하고 회의 때 했던 말을 글로 적어 가기 시작했다. 내가 사용했던 말들과 그때의 감정을 글로 쓰고 제삼자의 관점에서 내가 한 말을 확인하기 시작했다. 나는 적지 않게 충격을 받았다. '내가 이런 말들을 했다고? 정말 미쳤구나.' 그날부터 하루의 업무가 끝나면 조용히 연구실에 앉아 이 작업을 했다. 아픈 시간이었다. 내가 다른 사람에게 상처를 준다는 사실이 견딜 수 없을 만큼 고통스러웠다. 이러한 고통스러운 시간이 매일 밤 반복되면서 나는 점점 잠을 이룰 수 없게 되었고, 결국 신경안정제와 수면제에 의존할 수밖에 없는 상황에 이르렀다.

그렇게 힘든 시간을 겪으면서 나의 내면 깊은 곳에 있는 또 다른 나 자신과 글로 대화하기 시작했다.

"정화야, 오늘은 왜 직원들에게 그런 식으로 이야기했던 거니? 네 안에 어떤 불안함이 있는 거니? 그게 뭔지 나에게 이야기해 줄 수 있을까? 내가 들어 줄게."

"나 요즘 너무 불안해. 부서장 회의 때 자꾸만 화가 나는 이유를 생각해 보면, 사업을 지속할 자신감이 없어져서 그랬던 것 같아. 그래서 그들에게 의지했는데, 내 마음에 차지 않아서 심하게 화를 냈었어."

"그랬구나. 충분히 이해해. 지금까지 경주마처럼 쉬지 않고 달려왔잖아. 우리 같이 고민하자. 어떻게 하면 이 상황을 좋은 쪽으로 해결할 수 있을까?"

"나는 절실하게 나만의 공간이 필요해. 집에 가도 여전히 아내, 엄마로서 책임감만 있지 쉴 수 있는 곳이 없어. 그리고 일주일에 한 번은 나만의 시간을 갖고 싶어."

"지금까지 잘 해 왔어. 그리고 나는 이해해. 네가 왜 그렇게밖에 할 수

소자본으로 결국 해내는 여성창업, 콘텐츠가 답이다!

없었는지. 지금부터 약속하자. 너 자신을 야단치지 말고 조금씩 용기 내어 좋은 말 그릇을 키워 보기로."

말이라는 것은 자신 내면의 의식과 무의식이 뒤섞여 있어서 부지불식간에 튀어나오기 마련이다. 나는 매일 나 자신과 꽤 깊은 대화를 나누며 소통하기 시작했다. 대화하는 가운데 뭔가 해결책을 찾아가는 듯했다. 나는 실행에 옮기기 시작했다. 그중 가장 큰 변화는 나만의 연구실을 만든 것이었다. 회사에서 10분 거리에 있는 곳으로 언제든지 회사에 갈 수 있는 곳에 연구실을 마련했다. 나는 회사와 나 자신을 조금씩 분리하기 시작했다. 회의도 전체 회의에서 개별 부서 회의로 전환했다. 나만의 연구실에서 충분히 나 자신과 소통하며 회사의 현안들에 대해 숙고하는 시간을 갖기로 했다. 그러자 직원들과의 소통은 원활해졌고 회의도 자연스럽고 부드러워졌다.

리더의 말 그릇을 우아하게 만들려면 우선 나 자신과 잘 소통할 수 있어야 한다. 내면에 실타래처럼 엉켜 있는 상태를 정리하지 않은 채 직원들에게 다가가 대화를 시도한다면 혼란만 줄 뿐이다. 많은 안건들이 계속 변경되고 있다고 느끼게 할 것이고 즉흥적이고 감정적이라는 인상만 남기게 한다. 나는 나의 언어를 더욱 적극적으로 통제하기로 결심했다. 책을 읽고 공부하면서 세 가지를 매일 실천하기 시작했다. 첫 번째, 실수를 쿨하게 인정하는 용기를 내는 것이었다. 리더가 모든 상황에서 완벽한 말을 할 수는 없다. 중요한 것은 그 실수를 어떻게 대처하느냐이다. 의도치 않은 감정적 표현이 잘못된 말로 나왔을 때 진심으로 사과하고 자신의 실수를 인정하는 것이 리더십의 중요한 요소이다.

"방금 제가 조금 과하게 말한 것 같습니다. 다시 차분히 생각해 보고 말하겠습니다."

이런 말 한마디가 오히려 팀원들에게 신뢰를 줄 수 있다.

둘째, 리더에게는 말을 다스리는 훈련이 필요하며 감정 관리의 중요성 또한 매우 크다. 말이 먼저 나가는 순간은 대부분 감정이 앞설 때 발생하는 경우가 많다. 그래서 리더로서 자신의 감정을 관리하는 능력을 키우는 것이 중요하다. 화가 나거나 스트레스를 받을 때 잠시 하던 일을 멈추고 호흡을 가다듬는 훈련을 반복하면 감정에 치우치지 않고 더 차분한 태도로 대화에 임할 수 있다.

셋째, 평소에 생각하는 습관을 훈련하면 좋다. 즉각적인 반응을 피하고 말을 하기 전에 한 번 더 생각하는 습관을 들이는 것이 중요하다. 회의나 중요한 대화에서 말을 하기 전에 여유를 가지고 생각해 보면 더 신중하고 효과적인 소통이 가능하다. 또한 진심을 보완하는 대화법을 연습하고 공부한다면 리더의 말도 변화할 수 있다. 처음에 나온 말이 다소 거칠거나 부정적일 수 있지만 그 후에 그것을 어떻게 다루느냐에 따라 리더의 진정성이 드러날 수 있다. 중요한 대화가 끝난 후에도 다시 대화를 나누며 "아까는 상황이 급해서 그렇게 말했지만, 제 진심은 이렇습니다."라고 부연 설명을 하는 것도 좋다. 말을 수정하거나 보완하는 과정에서 리더의 성숙함이 나타나기도 한다.

리더의 말 그릇에서 생기는 모든 실수는 리더로서 성장할 수 있는 기회라고 생각해야 한다. 말이 먼저 나가서 문제가 생길 때마다 이를 반성하고 자신을 돌아보는 과정에서 더 나은 리더로 성장할 수 있다. 중요한 것은 자신을 변화시키고 나아가려는 마음가짐이다. 실수 이후의 태도와 대처 방식이 리더십을 결정한다. 사람들은 완벽한 리더보다는 실수를 인정하고 그 이후 더 나은 소통을 하려는 진심 있는 리더를 더 믿고 따르게 될 것이다. 리더십에서 가장 중요한 요소는 완벽함이 아니라 진정성 있는 소통과 성장하려는 의지이다. 말 속에 담긴 리더의 진심과 그 말이 미치는 영향에 대한 자각은 리더로 하여금 더 성숙하고 강한 리더십을 발휘하게 한다고 생각한다. 실수는 불가피하지만, 그 실수를 인정하고 더 나은 방향으로 나아가려는 노력은 리더의 진정한 그릇을 키워 줄 것이다. 결국 사람들은 완벽함을 기대하지 않으며 진솔하게 소통하고 변화하는 리더를 더 신뢰한다.

나는 된다, 끝까지 할 테니까

"타인의 마음을 움직이는 모든 일은 세일즈다." 이는 세계적인 미래학자 다니엘 핑크가 제시하는 새로운 시대의 생존 방식이다. 사실 우리는 모두 무엇인가를 팔고 있는 존재이다. 지금부터 헤세드에듀의 세일즈가 어떻게 시작되었는지 이야기를 해 보려고 한다.

먼저, 회사의 제품이나 서비스가 최종 소비자(End User)에 닿는 방법에 관해 이야기하려 한다. 이는 크게 세 가지 관점에서 접근할 수 있다. 브랜딩(Branding), 마케팅(Marketing), 세일즈(Sales)이다. 이 중 어느 것하나 소홀히 여길 수 없다. 회사의 제품이나 서비스는 절대 그냥 팔리지 않는다. 조직적인 부서를 만들어야 하고 그에 맞는 전문가들을 등용해서 그들에 의해 업무가 날마다 이루어져야 한다.

세일즈는 당장 매출을 올리는 것을 의미한다. 세일즈는 눈앞에 있는 고객에게 상품과 서비스를 제공하는 것이 과제다. 앞에 있는 한 사람 한 사람의 고객이 요구하는 것을 정확히 이해하고 고객의 니즈에 맞는 상품과 서비스를 제공하는 것이다. 나는 최종 소비자의 손에 닿게 만드는 최종 관문인 판매에 관해서 이야기하고자 한다. 영어유치원 원장으로 근무하기 전에는 세일즈라는 것을 인생에서 경험해 본 적이 없었다. 대학교 때 백화점 아르바이트를 조금 한 것 이외에 door to door로 뭔가를 팔아 본 적은 없다. 사업을 하기 전까지는 물건을 잘 만들어 놓으면 저절로 팔릴 줄 알았다. 큰 착각이었다. 열정을 다해 만들어 놓았는데 소수의 원장님만 찾을 뿐 주문량은 좀처럼 늘어나지 않았다.

그때부터 어떻게 헤세드에듀를 알리고 제품을 팔 수 있을까에 대한 고민이 시작되었다. 먼저 영어 교재를 전국으로 유통 판매하는 총판의 문을 두드렸다. 참고로 대한민국의 도서 판매 유통 구조는 출판사와 도서 총판의 파트너십으로 수익을 공유(Profit Share)하는 방식으로 이루어진다. 서울부터 전국의 영어 도서 유통 '총판'을 찾아다녔다. 그냥 일반 영어 도서 형태가 아닌 프로젝트형 교재, 교구 일체형의 콘텐츠는 이들에게는 한없이 낯선 형태였다. 보수적인 필드에서 총판 사장님들은 이 혁신적인 콘텐츠에 대해 이해하거나 시장에서 시도해 볼 생각조차 하지 않았다.

나는 한동안 절망의 늪에서 헤매고 있었다. 심장이 두근거렸다. 내가 아무도 팔 수 없는 물건을 만들었나? 그러면 이제부터 어떻게 해야 하지? 이 사업을 왜 시작했는지 무모하기 짝이 없는 나 자신을 원망했다. 많은 도서 총판 사장님들에게 보기 좋게 거절당했다. 이대로 주저앉을 수 없었다. 다시 나만의 오기가 발동했다. 그동안 죽을 고생을 하며 콘텐츠를 개발하고 또 수정하고 보완하며 지금까지 왔는데 세일즈에서 무너질 수는 없었다.

그날로 나는 큰 여행 가방에 교재와 교구를 잔뜩 넣어서 차에 넣고 전국 방방곡곡을 다니기 시작했다. 영어유치원과 국제학교 등의 교육기관을 10년 동안 운영하면서 내가 개발한 콘텐츠의 가장 큰 소비자는 바로 나 자신이었다. 10년 경험의 확신은 단순한 확신이 아니었다. 내가 원장이었기에 직접 현장의 원장님들을 만나야겠다는 용기가 생겼다. 우선 네이버에서 영어유치원, 놀이 학교, 영어 학원 리스트를 지역마다 대거 나열했다. 날마다 지역과 일정을 잡았다. 오늘은 서울의 잠실 지역, 내일은 목동 지역, 다음 주는 부산 전 지역이었다. 대전 아래 지역은 보통 1박 2일로 일정을 잡았다. 차에 교재와 교구를 가득 싣고 유랑단이 되어서 전국 실크 로드를 누비고 다녔다.

수없이 많은 거절이 있었다. 결코 좌절할 수 없었다. 사업에 한 방은 없고 그저 날마다 맷집을 키우는 일만 있을 뿐이다. 처음에는 교육기관 앞에

소자본으로 결국 해내는 여성창업, 콘텐츠가 답이다!

차를 주차하고도 들어갈 용기가 나지 않아서 차 안에서 30분 동안 심호흡하며 스스로에게 '괜찮아'를 수도 없이 반복하기도 했다. 그러나 결국 "오늘은 안 되겠어." 하며 그냥 돌아간 적도 많았다. 그럴 때면 돌아오는 길에 스스로가 정말 한심하게 느껴져서 눈물이 나왔다. '최정화, 물건을 직접 만든 너도 못 파는데 누가 이 물건을 팔 수 있다는 거니? 지금 용기 있게 들어가서 원장님 만나러 왔다고 말하란 말이야.' 스스로 혼내고 다그치고 채찍질하며 몇 달을 보냈다. 그런 생활을 반복하다 보니 어느새 조금씩 뻔뻔해졌다. 주차하고 0.5초 만에 큰 여행용 트렁크를 끌고 씩씩하게 학원 문을 박차고 들어가기 시작했다.

당연히 환영하는 곳은 없다. 원장님들은 처음에는 학부모 상담인 줄 알고 얼굴에 화색을 띠며 반갑게 인사를 한다. "어머님, 안녕하세요. 여기 앉으세요." 나는 미안해져서 멋쩍은 미소를 짓고는 금세 천연덕스럽게 인사에 화답하듯 말한다.

"안녕하세요. 헤세드에듀에서 나왔는데요. 저희 콘텐츠 너무 좋은데 한 번 보시겠어요? 10분이면 돼요. 원장님께 꼭 설명드리고 싶어요."

대부분의 교육기관 원장과 담당자는 굳은 표정으로 쉽게 거절했다. 그러나 숱하게 겪은 거절 덕분에 환영하지 않는 것에 대한 맷집이 날로 튼튼해지고 있었다. 열 곳 정도 방문하면 한 곳 정도는 원장을 만날 수 있었고 원장은 10분만 설명하라고 하는데 이내 1시간 넘게 듣고 있다가 바로 주문으로 이어졌다. 판매 성공 확률 10%는 초보 사장인 내게 놀라운 성과였다.

현장에서는 참으로 다양한 방법으로 아이들을 교육하고자 하는 시도가 점차 늘어 가고 있었다. 대한민국의 영어 교육 열풍이 일어나면서 영어유치원, 영어 놀이 학교, 영어 학원의 수요가 기하급수적으로 늘어났다. 이미 아이들에게 교재로만 접근해서는 차별화를 기대하기에 어려웠다. 교사들은 시간을 투자해 교구와 보조 자료를 만드는 것을 힘들어했다. 또한 교사들의 수업 시수가 늘어나면서 교사들에게 보조 자료를 준비해 수업에 임하라고 요구하는 일은 점점 더 힘들어졌다. 그렇다고 교재로만 수업하는 것은 아이들에게 재미를 주기 어려웠다.

현장 경험을 10년 쌓고 나서 시작한 사업이다 보니 원장님들과 현장에서 직접 만나서 콘텐츠의 방향을 잡아야 한다는 데 확신이 들었다. 그리고 내가 직접 판매를 해 보았기에 도서 유통 총판 사장님들의 마음을 충분히 이해할 수 있었다. 그 후 다시 도서 유통 총판 사장님들을 찾았을 때는 그들과의 소통 방식이 완전히 달라져 있었다. 지금까지 내가 왜 도서 유통 총판 사장님들의 질문을 이해하지 못했는지 죄송한 마음도 들었다. 더욱더 겸손한 마음으로 사장님들과 미팅을 시작했다. 영업 안내서를 만들었고 영상을 제작해서 사장님들이 쉽게 영업할 수 있도록 하는 것에 집중했다. 그러자 총판 사장님들은 헤세드에듀의 교육 철학과 방법론을 이해하지 못하더라도 최종 소비자들에게 다가가는 세일즈를 하기 시작했다. 나 역시 한동안 정신없이 원장님들과 총판 사장님들을 만나다 보니 세일즈에 자신감이 생겼다.

한 번의 성공은 우연이지만 지속하는 것은 사장의 힘이라고 확신한다. 사장의 진정한 능력은 회사를 일시적으로 성공시키는 것이 아니라 회사를 지속시키는 데 필요한 모든 일을 실천하는 것이다. 오늘 하루 나는 사장으로서 무엇을 할 것인가를 늘 생각하고 행동해야 한다. 이제 헤세드에듀는 단순한 콘텐츠 제공을 넘어 세일즈와 브랜딩, 마케팅의 삼박자가 어우러지는 지속 가능한 경영을 목표로 하고 있다. 끊임없이 돌아보고, 개선하고, 고객의 요구에 맞춰 가는 것이야말로 우리 회사의 성공 비결임을 깨달았다.

세일즈는 단순히 물건을 파는 일이 아니다. 그것은 고객의 마음을 이해하고 그들의 필요를 충족시키며 더 나아가 그들과 신뢰를 쌓아 가는 일련의 과정을 모두 포함한다. 헤세드에듀의 여정은 바로 이 세일즈의 본질을 깨닫고 실천하는 과정이다. 앞으로도 우리는 이 정신을 바탕으로 더 많은 사람들에게 우리의 가치를 전달해 나갈 것이다. 우리의 세일즈는 끝이 아닌 새로운 시작이다. 고객의 마음을 움직이고 그들의 삶에 가치를 더하는 일, 그것이 우리가 추구하는 우아한 세일즈의 역사인 것이다.

조언은 경청하되 결단은 사장이 하는 것이다, 자신을 믿어라

 사업을 시작하고 사장의 자리에 서게 되면 자연스럽게 주변 사람들과의 관계 속에서 의지하는 순간들이 많아진다. 그러나 리더는 본질적으로 고독한 자리이다. 중요한 결정을 내려야 할 때 그 결정의 무게는 온전히 리더 혼자 감당해야 한다. 사업 초기에는 많은 조언과 도움을 받는다. 그러나 시간이 흐를수록 중요한 결정은 사장 혼자 해야 하는 상황이 다가오게 마련이다. 그 결정에 대한 책임 또한 오롯이 사장의 몫이다. 그럴 때일수록 사장은 사람에 얽매이지 않고 자기 자신을 믿어야 한다.

 사업 10년 차였을 때 나는 회사의 중요한 전환점에 서 있었다. 우리 회사는 안정적인 성장을 이뤄 왔지만, 나는 그 이상을 바라보고 있었다. 당시 시장에서는 고객들의 요구가 빠르게 변화하고 있었고, 유아 인구 절벽이 심화하면서 새로운 시장과 판로의 다각화가 절대적으로 필요했다. 이때 나는 주 대상 연령을 유·아동에서 초등학교 고학년과 중학생까지 확장하려는 계획을 세우고 있었다. 그동안 우리는 주로 유·아동을 대상으로 교육 서비스를 제공해 왔고 그 분야에서는 이미 어느 정도 성공을 거두었지만, 다양한 연령대로의 확장은 또 다른 도전이었다.

그때 나에게 많은 조언을 해 주었던 고마운 멘토가 있었다. 그는 사업 초기부터 나를 지켜봐 온 사람으로 나에게 신뢰를 주는 중요한 존재였다. 어느 날, 나는 이 멘토에게 내 신사업 계획을 설명했다. 새로운 사업을 통해 고객 범위를 확장하고 사업의 스케일을 키우고자 한다는 내 계획을 진지하게 설명했지만, 멘토의 반응은 예상 밖이었다.

"최 대표, 지금은 확장할 때가 아니야. 위험 부담이 너무 커. 이 시장은 아직 준비되지 않았어. 안정적으로 가는 게 더 나을 것 같아."

그의 말은 나를 깊이 흔들어 놓았다. 나는 그동안 이 멘토의 조언을 따르며 많은 성공을 거두었기에 그의 의견을 무시하기가 어려웠다. 그는 늘 현실적인 조언을 해 주었고 그 덕분에 사업 초기 여러 번의 위기를 모면할 수 있었다. 하지만 내 안에서는 그와 다른 목소리가 들리고 있었다. '지금이야말로 기회다.' 지금이야말로 더 큰 시장으로 나가야 할 적기라고 직감했다. 나는 시장 분석과 고객 데이터를 근거로 상당한 확신이 있었다. 그러나 멘토의 말은 계속 머릿속에서 떠나지 않았다.

며칠 밤을 제대로 자지 못했다. 매일 밤 머릿속에서 같은 질문들이 떠올랐다. '정말 지금이 기회일까?', '이 확장을 진행하다 실패하면 어떻게 될까?', '정말 멘토의 말을 무시해도 괜찮을까?' 나는 프로젝트 계획서를 다시 검토하고 여러 번 시뮬레이션을 돌려 봤다. 매출 추이, 고객 요구 변화, 시장 동향 등 모든 데이터를 분석하며 수십 번 계획을 수정했다. 밤늦게까지 사무실에 남아 데이터를 검토하고 시나리오별 리스크를 분석했다. 손에 쥔 커피잔은 이미 식었고 컴퓨터 화면 속 그래프와 숫자들이 눈앞에서 어지럽게 춤을 추고 있었다. 경쟁사들은 이미 빠르게 변화하는 시장에 발맞춰 하나둘씩 새로운 시도를 하고 있었다. 내가 이 흐름을 놓친다면 우리는 뒤처질 수밖에 없을 것이었다. 하지만 반대로 멘토의 충고를 무시하고 확장을 시도했다가 실패하면 회사가 위험에 처할 수도 있었다.

어느 시점이 되자 나는 사장으로서 결단을 내려야 한다는 것을 깨달았다. 데이터를 다시 살펴보니 확실한 기회가 보였고 내 직감도 이 프로젝트가 맞다고 말하고 있었다. 이제는 나 자신을 믿어야 할 때였다. 누군가의 조언도 중요하지만 결국 사업의 방향은 내가 결정해야 하는 것이었다. 나는 팀을 소집했다. 팀원들에게 멘토의 조언을 이야기하며 나의 고민을 털

소자본으로 결국 해내는 여성창업, 콘텐츠가 답이다!

어놓았다. 그리고 동시에 나의 결단을 전했다.

"우리는 신사업으로 확장할 겁니다. 리스크가 있지만 이 기회를 놓치면 나중에 후회할 겁니다. 시장은 빠르게 변하고 있고 우리 고객들도 그 변화에 맞춰 움직이고 있습니다. 지금이 아니면 늦습니다. 우리가 새로운 시장에 뛰어드는 순간 그 위험을 감수해야 하지만, 그만큼의 보상이 우리를 기다리고 있을 겁니다."

팀원들은 걱정과 기대가 섞인 표정으로 나를 바라봤다. 몇몇은 그동안 오프라인 기반의 안정적인 수익을 지켜 온 우리 회사의 성격과 맞지 않는다고 생각했을지도 모른다. 그러나 나는 내 결정을 믿기로 했다.

그 후 우리는 빠르게 프로젝트를 진행했다. 새로운 콘텐츠를 개발하기 위해 연구팀을 강화하고 마케팅 전략을 새로 세웠다. 팀원들은 처음에는 불안해했지만, 점차 새로운 도전에 익숙해졌다. 콘텐츠 출시 후 첫 몇 달은 순조롭지 않았다. 예상했던 것보다 매출이 적었고 손실이 발생하기 시작했다. 그때마다 '과연 이 결정이 옳았을까?'라는 질문이 나를 괴롭혔다. 하지만 6개월 후, 우리는 완전히 다른 상황에 직면하게 되었다. 시장의 흐름이 빠르게 우리 새로운 콘텐츠로 전환되면서 고객 수가 급격히 증가했다. 예상보다 빠르게 자리 잡았고 기존 고객들도 새로운 콘텐츠를 통해 우리에게 더 많은 관심을 보였다. 매출은 급격히 상승했고 회사는 전례 없는 성장을 이루었다. 내가 내린 결단이 옳았다.

이 경험을 통해 나는 사장으로서 중요한 교훈을 얻었다. 때로는 신뢰하는 사람들의 조언이 결정을 흔들 수 있지만 결국 나 자신을 믿고 결단을 내리는 사람이 바로 리더이다. 주변의 의견도 중요하지만, 사업의 운명은 결국 사장의 손에 달려 있다. 중요한 순간에 자신을 믿어야 성공할 수 있다.

소자본으로 결국 해내는 여성창업, 콘텐츠가 답이다!

사업가는 타고나는 것이 아니라
만들어 가는 것이다

지난 10여 년 동안 나는 스스로에게 무겁고 중요한 질문을 던지며 끊임없이 씨름해 왔다. 사업가는 타고나는 것인가 아니면 만들어지는 것인가? 나는 과연 사업가의 DNA를 타고났을까? 사업가로서 자질이 내 안에 있기는 한 것일까? 이 같은 질문들에 답을 찾기 위해 노력해 왔다. 아마도 그 누구도 사장이 되는 길을 미리 연습하거나 준비할 기회를 얻지는 못할 것이다. 나 역시 아무런 예행연습도 없이 어쩌다 사장이 되었다.

회사를 창립한 지 12년이 흐른 지금도 사업은 하면 할수록 더 어렵게 느껴진다. 초창기에는 내가 무엇을 모르는지조차 알지 못하면서 하루하루 닥쳐 오는 문제들을 해결하기에 급급했다. 그러나 지금, 12년 차가 된 나는 초기의 고민보다 훨씬 더 복잡하고 심도 있는 문제들에 직면해 있다.

모든 영역에서 전문성을 요구받는 압박감이 날로 커지고 있다. 항상 '성장'에 대해 고민하지 않을 수 없다. 사장의 역량이 회사의 성장과 직결되기 때문이다. 나는 회사의 지속 가능성을 위해 나 자신의 역량을 키우기로 결단했다.

그 결단 중 하나가 경영 공부였다. 바쁜 일정 속에서도 시간을 내어 제대로 경영을 공부하기로 마음먹고 고려대학교 경영 교육대학원 과정에 입학했다. 일주일에 한 번 고려대까지 가서 하루 종일 수업에 몰입하기로 했다. 매주 수요일만큼은 경영 공부에 온전히 집중하겠다는 다부진 결심으로 수업에 임했다.

이 과정에서 만난 학생들은 대부분 각자의 사업체를 운영하는 사장이었다. 실전 경영, 마케팅, 조직 관리, 재무 회계 등 실무와 직결된 주제들이 커리큘럼의 주류를 이루었다. 매주 수요일이 기다려질 만큼 공부는 흥미로웠다. 사업을 시작했을 때는 경영학에 대해 전혀 몰랐지만, 사업 과정에서 겪었던 일들이 경영학 이론에 바탕을 두고 있다는 사실을 알게 되면서 더욱 깊이 탐구하고 싶어졌다. 현장에서 10년 동안 경영 경험을 쌓은 뒤 다시 학생으로 돌아가 듣는 수업은 그야말로 가슴 뛰는 즐거움이었다. 끊임없이 질문하고 학구열을 불태우며 수업에 몰입했다. 그 과정에서 가장 인상 깊었던 강의 중 하나는 '권한 이양의 필요성과 그 근거'에 관한 내용이었다. 이 강의를 통해 리더로서 조직을 이끄는 방식에 대한 새로운 통찰을 얻을 수 있었다.

"사람에게 물고기를 주면 하루 동안 먹을 수 있지만, 그에게 낚시하는 법을 가르치면 평생 먹을 수 있을 것이다."

이 말의 숨겨진 의미는 강하고 카리스마 있는 리더는 구성원들이 스스로 길을 찾아 나갈 수 있도록 이끌어 주어야 한다는 것이다. 리더의 역할은 단순히 명령을 내리는 것이 아니라 구성원들이 스스로 성장할 수 있도록 돕는 데 있다는 사실을 깨달았다. 이전 방식은 내가 주도적으로 모든 것을 끌어 나가는 방식이었다면 리더의 진정한 역할에 대해 깨달은 이후부터는 조직 관리에 대한 새로운 패러다임을 받아들였다. 성과를 위한 권한 이양이 아니라 사람을 개발함으로써 성과가 자연스럽게 따라오게 하는 방식이다. 물론 이 과정에서 권한 이양이 책임 전가로 오해되지 않도록 보상 체계를 잘 설계해야 한다는 것도 배웠다. 나는 이 방식을 적극 도입했고 그 결과 부서의 팀 리더들을 잘 훈련하고 세팅하는 제도를 성공적으로 구축하여 조직의 리더들을 세우는 데 큰 성과를 거두었다.

학기 말에는 연구논문을 작성하고 교수님과 대학원 원우들 앞에서 발표했다. 발표 주제는 '사업은 아슬아슬한 외줄타기'였다. 평범한 엄마가 어떻게 사업가가 되었고, 그 과정에서 얻은 경험과 노하우를 경영학적 관점에서 분석한 주제였다. 나의 연구논문은 여성 원우들에게 큰 호응을 얻었다. 발표 중에 언급된 한 해녀 엄마의 이야기에 원우들이 눈물을 흘리기도 했다. 발표 이후, 여성 원우들의 감동적인 메시지가 이어졌다.

"아이가 어리지만 창업을 시작했어요. 아이에게 미안한 마음에 죄책감이 컸는데 강의를 듣고 용기가 생겼습니다. 육아도 사업도 최선을 다해 보려 합니다."

"사업 초기에 다들 어려움을 겪는군요. 제가 지금 겪고 있는 어려움이 당연한 과정이라는 것을 깨닫고 용기를 내어 계속 도전해 보려고 합니다."

"사업 자금난으로 폐업을 고민하던 중이었는데 강의를 듣고 다시 도전해 볼 결심을 했어요. 다시 힘내서 해 보겠습니다. 저도 엄마니까요."

이런 메시지들을 받고 눈물이 났다. 나 역시 겪었던 힘든 과정들이 떠올랐기 때문이다. 그날의 발표는 많은 원우에게 공감을 불러일으킨 시간이었고 나에게도 따뜻하고 뜻깊은 순간이었다. 나의 이야기가 곧 그들의 이야기이기도 했기 때문이었다.

소자본으로 결국 해내는 여성창업, 콘텐츠가 답이다!

경영학 공부를 마치고 나니 회사 운영에 대한 자신감이 조금 더 생겼다. 다양한 분야에 대한 지식이 쌓이면서 머릿속에서 많은 것들이 정리되었다. 또한 함께 공부한 대학원 동기들과의 소중한 인적 네트워크를 형성할 수 있었다는 점에서 큰 수확이었다. 동기들과의 그룹 토론을 통해 각자가 다른 사업적 경험을 공유하면서 상호 보완적인 해결책을 모색할 수 있었다. 이 과정에서 얻은 인사이트는 내 경영 방식에 큰 변화를 불러왔다.

결론적으로 사업가가 된다는 것은 한 가지 일에만 집중하는 것이 아니라 수없이 다양한 과제들을 수행해야 함을 의미한다. 이 모든 것을 해내기 위해서는 끊임없이 배우고 성장해야 한다. 사업가는 타고나는 것이 아니라 끊임없는 배움과 도전을 통해 만들어지는 것이다. 처음부터 완벽한 사업가는 없다. 누구나 시행착오를 겪고 그 과정에서 성장해 나간다. 중요한 것은 타고난 자질이 아니라 자신의 의지와 끊임없는 배움 그리고 도전에 대한 두려움을 극복하는 태도이다. 이 과정을 통해 사업가는 점차 단단해지며 결국 성공적인 경영자로 성장하게 된다.

목표 달성의 핵심, 다섯 가지 법칙

하나, '행복한 일 감옥'에 자신을 가둬야 한다. 사장은 끊임없이 샘솟는 아이디어 뱅크가 되어야 하지만 사장 역시 평범한 사람이다. 일에 집중하려고 하면 종종 나태해지고 싶고 놀고 싶은 유혹이 생긴다. 이는 인간뿐만 아니라 우주의 모든 존재가 엔트로피의 영향을 받기 때문에 그렇다. 인간은 그대로 두면 나태해지고 게으름에 빠지게 된다. 그래서 스스로 '행복한 일 감옥'을 설정하고 일정 시간 동안 자신을 그 안에 가두어야 한다. 이는 나태함을 막기 위한 자기방어의 수단이 될 수 있다.

이 '행복한 일 감옥'은 누구에게도 의지할 수 없는 철저히 고독한 공간이다. 특히 새벽 시간의 '행복한 일 감옥'이 그렇다. 새벽에는 누구에게도 연락이 오지 않고 그 누구로부터도 방해받지 않기에 몰입할 수 있는 최적의 시간이 된다. 어떤 이들은 굳이 이렇게까지 해야 하나 생각할 수 있다. 하지만 사업은 오랜 시간에 걸친 전쟁과도 같아서 매일 스스로에게 동기를 부여하고 의식적으로 의지를 다잡아야 한다.

지금 당장 놀고 싶고 즐기고 싶은 욕망은 내일의 성공을 상상하며 억누르고 참아야 하는 것이다. 오늘도 어김없이 이 '행복한 일 감옥'은 회사의 역사를 써 내려갈 소중한 씨앗을 키워 내고 있다. 새벽 시간에 몰입이 잘되는 이유는 수면을 통해 뇌가 충분한 휴식을 취했기 때문이다. 이로써 뇌는 생산적인 활동에 최적화된다. 단, 일 감옥에 들어갈 때 유의할 점이 있다. 회사의 가장 중요한 이슈부터 집중하며 파고들어야 한다. 회사의 중차대한 현안들의 아이디어 씨앗을 만드는 것이 우선이다. 하지만 매일 들어가는 이곳에서도 집중과 몰입이 되지 않을 때가 있다. 이럴 때면 나는 연구실 가까이에 있는 호수 공원을 걷는다. 세상을 바꾸는 아이디어는 걷는 중에 탄생해 왔다. 뉴턴이 걸으며 발견한 사과가 그랬고, 『실천이성비판』을 쓴 칸트는 매일 오후 5시가 되면 걷기를 실천한 것으로 유명하다. 나는 앉고, 걷고, 뛰면서 특정 문제를 해결하기 위한 생각과 고민을 멈추지 않는다. 그러다 보면 어느새 생각 근육들이 조금씩 견고해지는 것을 느낀다.

새벽 시간에 운영되는 나만의 '행복한 일 감옥'에는 금지된 것이 하나 있다. 바로 인터넷이다. 나는 이 시간, 인터넷의 유혹을 철저하게 차단한다.

그 어떤 SNS도 접속하지 않는다. 그동안 나는 인터넷으로 인해 많은 실패를 경험했다. 인터넷을 켜면 어느새 카톡으로 메시지를 보내고 있고 인터넷으로 자료를 찾다 보면 쇼핑몰에서 미친 듯이 옷을 보고 있는 나를 발견하곤 했다. 그럴 때마다 나는 자신을 호되게 야단쳤다. "너 이러려고 새벽에 단잠을 깨우며 일어났니? 제발 정신 차려!" 하면서 말이다. 해서, 일 감옥에 입소할 때는 모든 외부의 방해 요소를 철저하게 차단하고 성소에 발을 들이는 제사장과 같은 마음으로 결의를 다지며 들어간다.

요즘은 신사업의 프로젝트로 통합 교과 프로그램을 개발하고 있다. 커리큘럼 개발은 고도의 집중력과 몰입이 필요한 일이기에 이곳에서 중요한 아이디어 초안을 다잡아야 한다. 주말까지도 같은 시간을 세팅하여 매일 이곳에 입소한다. 하루라도 하지 않으면 몸은 다시 원위치하여 감각을 찾는 데 시간이 두 배로 걸리기 때문에 하루도 빠짐없이 '행복한 일 감옥'에 들른다.

둘, 몰입하는 힘을 길러라. 요즘은 아이디어가 돈을 버는 시대이다. 시대가 달라져서 중학생 유튜버가 3대 방송국을 이기는 시대이다. 방구석에서 만든 물건에 사람들은 열광한다. 하지만 방구석에서 만든 작품이라고 해서 결코 쉽게 만들어지는 것이 아니다. 요즘 소비자는 정말 똑똑하다. 그들은 철저하게 분석하고 비교해서 내리는 결정으로 소비하는 패턴을 보

소자본으로 결국 해내는 여성창업, 콘텐츠가 답이다!

인다. 어느 시대보다도 선택받기가 어려운 때이다. 방구석이든 거실 구석이든 얼마나 몰입했느냐가 시장에서의 성공을 결정한다. 이제 소비자는 누가 진짜인지 바로 알아본다.

새벽에 일어나 어김없이 컴퓨터 앞에서 미친 사람처럼 일하고 있는 나의 모습을 본 남편은 "당신 도대체 잠은 언제 자는 거야? 제발 잠 좀 자."라고 걱정을 해 주곤 한다. 회사의 신사업 하존의 아이템 역시 새벽의 몰입에서 꺼낸 보물이었다. 새벽은 나를 고도로 집중할 수 있게 만들어 준다. 신사업의 아이템은 바로 문해력, 읽고, 쓰고, 말하기 실력 향상 프로그램이다. 이제는 문해력의 시대라는 확신이 들었다. 우리나라 아이들은 초, 중, 고를 거치며 주입식 교육을 받다 보니 제대로 된 문해력을 키우기 어렵다. 어려운 입시를 뚫고 대학에 들어가더라도 제대로 된 소논문 하나 써내지 못한다고 교수들은 입을 모아 한탄한다. 초, 중, 고 때 다녔던 논술학원은 입시를 위한 정형화된 학원으로 오히려 사고력이 바탕이 되는 글쓰기 가능성까지 모두 막아 버린다. 새벽 몰입의 힘은 보석 같은 아이디어를 쏟아 낸다. 'Super Thinkers'의 기획도 모두 새벽 몰입에서 나온 것이다. 이 사업의 대상은 창업을 꿈꾸는 초기 스타트업 사장을 대상으로 하였다. 2년 전에 1기를 진행했지만, 그때는 여러 가지로 부족한 점이 많았다. 하지만 이제는 그때의 여러 가지 데이터를 분석해서 프로그램을 수정, 보완하였다. 이제 창업을 준비하는 예비 사장님들이 필요로 하는 노하우를 전수할 자신이 생겼다.

"오늘도 사업 구상에 절실한 우리 사장님들, '행복한 몰입'에 당신을 초청합니다."

셋, 무조건 열심히 뛰고 또 뛰어라. 그래도 죽지 않는다. 회사에서의 사장 역할은 모든 일을 다 파악해야 하고 이것저것 해야 하는 일들이 매일매일 쌓여 가더라도 묵묵히 해내는 것이다. 하지만 목숨 걸고 하더라도 성공을 보장받지는 못한다. 심지어는 일 중독이라는 소리를 들어도 아무렇지도 않아야 한다. 내가 도대체 어디까지 할 수 있는지 하는 임계점을 매일 갱신해야 하는 게 사장이다. 회사는 초기 5년이 가장 중요한데 나 역시 마음 편하게 침대에서 잠을 자 본 기억이 거의 없다. 콘텐츠 개발부터 영업까지 사장이 먼저 솔선수범해야 한다. 전쟁에 나가는데 리더가 목숨을 지키려 머뭇거린다면 어떤 사람이 목숨을 걸고 앞서 나가 싸우겠는가? 사업하면서 스스로에게 가장 많이 했던 말은 '그래도 죽지는 않는다'였고, 다른 하나는 '오늘 하루씩만 살자'였다. 그만큼 하루하루 벼랑 끝에 있는 상황이었다. 내일까지 생각하기에는 오늘 당장 풀어야 할 숙제들이 너무 많았다. 그러나 하루 분량의 숙제만을 풀면서 살자 마음먹고 나니 위로가 되었다.

"오늘도 사업 현장에서 입에 단내가 나도록 뛰어야 할 사장님들, 오늘

소자본으로 결국 해내는 여성창업, 콘텐츠가 답이다!

하루만 우선 살아갑시다!"

넷, 완벽함의 병에서 벗어나라. 지금은 빠르게 실행하는 능력이 최고다. 부족해도 일단 세상에 내놓고 그다음에 고민하라. 세상은 너무나 빠르게 변하고 있다. '완벽하게 해서 내보내야지.' 하는 순간 다른 회사들이 비슷한 물건을 줄줄이 발매한다. 그러면 이미 때는 늦는다. 지금 당장 선점하라.

우리는 1차 콘텐츠 개발을 끝낸 후 한참 부족한 상품을 가지고 영업을 뛰었다. 모두가 한목소리로 나더러 무모하다고 했다. 아직 콘텐츠가 완벽하게 끝나지 않았는데 왜 영업을 다니냐고 이상하게 생각했다. 하지만 내 생각은 달랐다. 완벽한 제품을 만들고 나서 영업한다면 영원히 영업은 못한다. 일단 어느 정도 개발이 되었다면 먼저 팔고 시장에 과감하게 내놓아야 한다. 왜냐하면 시장의 반응에 맞춰 상품은 변화하기 때문이다.

누구나 처음에는 한참 부족하고 어설퍼서 팔 수 있는 엄두를 내지 못한다. 인쇄소에 맡기기에는 주문량이 턱없이 부족했기에 가내 수공업 형태로 직접 잉크젯 프린터기로 돌리고 스프링도 직접 끼웠다. 사람이 하다 보니 책 페이지 수가 맞지 않는 오류도 많았고 교구 중에는 누가 봐도 가내 수공업 같은 낮은 품질도 있었다. 이렇게 한참 부족한 제품이었음에도 교육기관에서는 너무나 열광하는 기이한 일이 벌어졌다. 부족한 제품이었지만 교육기관의 바람을 제대로 파악한 덕분이었다. 원장님들과 교사들은 수업에서 바로 적용할 수 있는 교재와 교구가 일체형으로 매칭되는 콘텐츠를 애타게 찾고 있었다. 이제 교사들은 더 이상 교구를 만들지 않아도 되었고 학생들은 전보다 수업에 재미있게 참여했다. 우리 회사 교재는 두 측면의 고객 모두에게 만족감을 선사한 것이었다. 나는 이미 오랜 시간 현장의 경험으로 어느 정도 예상은 하고 있었지만 이렇게 빨리 뜨거운 반응이 올 것이라고는 상상도 못 했다.

우리는 이러한 현장의 반응에 부응해서 연이어 계속해서 콘텐츠 개발을 쉬지 않고 이어 나갔다. 부족하지만 시장에 선보였고 그들의 반응과 피드백에 집중하며 수정에 수정을 반복하면서 더욱 견고한 콘텐츠를 만들어 갔다.

"오늘도 창업을 망설이는 사장님들, 부족하게 느껴지더라도 일단 시장에 선보이세요. 처음부터 완벽한 물건은 어디에도 없답니다."

다섯, 자기 내면의 목소리에 귀를 기울여라. 그곳에 보물이 있다. "다른 회사의 벤치마킹이나 사례 연구에 너무 의존하지 마세요. 당신의 회사는 애플도, 구글도, 삼성도 아닙니다." 창업자들이 가장 많이 하는 실수가 바로 끝없는 벤치마킹이다. 특히 큰 회사들의 경영 방식이나 아이템을 계속 찾아보고 비슷하게 만들려고 노력한다. 하지만 유일한 오리지널리티는 자기 내면에 있다. 가장 자기다운 것이 가장 경쟁력이 있다는 사실을 기억해야 한다. 클레이턴 크리스텐슨 하버드 경영대학원 교수는 "고객 만족 경영, 벤치마킹 모범적 경영이 도리어 실패를 부른다."라고 말한다. 또한 그는 "혁신적인 기업 사장의 첫 번째 조건도, 두 번째 조건도 무조건 아이디어! 처음부터 끝까지 아이디어입니다."라고도 했다. 여기서 아이디어란 소비자들의 근본적인 문제를 해결할 수 있는 자신만의 오리지널리티를 뜻한다.

목표 달성의 핵심 다섯 가지 법칙은 12년째 사업의 한복판에서 좌충우돌하며 깨달은 생생한 경험담이다. 매체에서 흘러나오는 수많은 성공 신화가 있지만 누구나 그런 스토리의 주인공이 될 수 없다. 한 해에도 수천 개의 스타트업이 만들어졌다가 소리 소문 없이 사라진다.

"오늘도 사업의 현장에서 성공한 기업들 벤치마킹하는 사장님들, 먼저 오리지널리티에 집중해 보세요. 진짜는 자기 안에 있어요!"

리더십, 지금은
우아하게 발휘할 때

성공하는 리더의 무기 세 가지

리더는 두말할 필요도 없이 시간 관리의 천재가 되어야 한다. 하지만 사업을 하다 보면 정해진 일정은 일정대로 소화하면서도 불시에 발생하는 예상치 못한 문제들을 해결해야 할 때가 많다. 이럴 때 시간을 제대로 관리하지 못하면 리더로서의 성공도 멀어질 수밖에 없다. 시간을 어떻게 효율적으로 관리하느냐가 리더의 능력을 결정짓는 중요한 요소다.

리처드 라이트 교수의 『하버드 수재 1,600명의 공부법』에서는 하버드 학생들이 시간을 어떻게 관리하며 공부하는지를 분석한 것을 소개한다. 이 책에 따르면 시간 관리의 비결은 우선순위 설정이다. 공부뿐만 아니라 사업에서도 마찬가지다. 시간이 부족할 때일수록 리더는 일의 우선순위를 명확히 하고 불필요한 일을 과감히 줄여야 한다. 리더가 모든 일을 완벽하게 처리할 수는 없으므로 가장 중요한 일에 집중하는 능력이 습관화되어야 한다.

어느 가을날, 10여 개의 미팅을 소화하고 급하게 사무실로 복귀했다. 몸과 마음은 이미 녹초가 되었지만, 여전히 처리해야 할 일이 쌓여 있었기 때문이었다. 당장 급한 프로젝트에 관한 결정을 내려야 하는데 끊임없이 울리는 이메일과 전화가 일에 집중할 수 없게 만들었다. 시간은 속절없이 지나가고 있었고 우선순위를 정하지 않으면 모든 것이 뒤죽박죽될 것 같은 초조함이 들었다. 문득 한정된 시간이라는 자원을 내가 제대로 관리하지 못하고 있다는 생각이 들었다. 시간 관리에 원칙이 필요했다. 다음 날 모든 일정을 과감하게 재조정했다. 당장 결정해야 할 문제와 그렇지 않은 문제를 나누고 급하지 않지만, 중요한 일들에 더 집중하기로 했다. 그리고 내가 직접 처리할 필요가 없는 일들을 구분해서 다른 팀원들에게 위임했다. 그때부터 매일 아침 가장 중요한 세 가지 일만을 정리하고 나머지 일들은 다음으로 미루거나 위임했다. 이 방법은 생각보다 효과적이었고 나 자신도 모든 일들을 내가 직접 처리해야 한다는 부담에서 벗어날 수 있었다.

또한 자신이 언제 가장 집중력이 높은지, 언제 에너지가 떨어지는지를 이해하는 것이 매우 중요하다. 나는 새벽형 인간으로 아무도 방해하지 않는 새벽 시간에 가장 창의적이고 생산적인 결과물을 낼 수 있기에 그 시간을 최대한 활용하기로 했다. 오전에는 전략적인 결정이나 중요한 기획을 집중적으로 처리하고 오후에는 미팅과 비교적 덜 중요한 업무를 배치했다.

이러한 기준이 없던 때는 가장 중요한 결정을 해야 하는 일을 항상 오후 늦은 시간대에 배치했음을 깨달았다. 오후가 되면 에너지가 떨어지고 피로감이 쌓여 중요한 결정을 내리는 데 집중력이 떨어진다. 이를 바꾸기로 결심하고 가장 중요한 의사결정은 항상 오전에 하도록 시간을 조정했다. 이를 통해 더 명확하고 자신감 있는 결정을 내릴 수 있었고 더 나은 결과를 얻을 수 있었다.

시간 관리의 핵심은 단순한 스케줄링이 아니다. 우선순위를 설정하고 불필요한 것에 시간을 뺏기지 않으며 나만의 리듬을 찾는 것이다. 리더로서 시간 관리는 그저 일정을 조율하는 것이 아니라 중요한 일에 에너지를 집중하고 불필요한 일은 과감히 줄이는 능력이다. 이를 통해 리더는 더 효율적으로 조직을 이끌고 더 나은 결정을 내릴 수 있다.

리더가 된다는 것은 단순히 많은 사람을 이끄는 것만이 아니다. 진정한 리더는 끊임없이 배워야 하고 그 배움을 통해 스스로 성장해야만 한다. 많은 위대한 리더들은 하나같이 독서광이었다. 나의 롤모델이기도 한 오프라 윈프리가 대표적인 예다. 그녀는 어려운 환경 속에서도 책을 통해 세상을 넓게 바라보는 법을 배웠고 결국 미국 최고의 토크쇼 진행자로 성장하게 되었다. "책이 나를 위대한 여성 지도자로 만들었다."라는 그녀의 말처럼 독서는 단순한 학습을 넘어 삶을 변화시키는 강력한 힘을 가졌다.

사업을 시작하면서 하루하루의 일정을 소화하는 데 급급했고 잠을 잘 시간조차 부족한 나날을 이어 갔다. 매출을 올려야 한다는 압박과 회사를 잘 이끌어야 한다는 부담감에 정신없이 달리다 보니 정작 중요한 자신의 성장을 놓치고 있었다. 내가 충분한 지식을 갖추지 못했다는 사실을 깨달았을 때 나는 깊은 불안감에 빠졌다. 사업을 하면서 모르는 분야가 너무 많다는 것을 보고 느꼈다. 그때부터 나는 더 나은 리더가 되기 위해 끊임없이 배우고 성장해야 한다는 결심을 하고 바로 독서에 몰입하기 시작했다.

늘 시간이 부족한 상황이어서 독서에 엄두가 나질 않았지만 스스로 굳게 약속하고 매일 조금씩 독서해 나갔다. 집중해서 업무를 보는 시간 이외에는 무조건 오디오북을 듣기 시작했다. 이동할 때, 운동할 때, 집안일을 할 때도, 아주 사소한 자투리 시간 단 1분이라도 오디오북을 들으며 메모하기 시작했고 노션(Notion)[4]에 정리하기 시작했다. 이런 전투적인 독서 습관을 통해서 이제는 일주일에 세 권 넘는 책을 읽는 사람이 되었다.

---

4) 메모, 문서, 지식 정리, 프로젝트 관리, 데이터베이스, 공개 웹사이트 등의 기능을 하나로 통합한 서비스.

매출이 안정적이지 않고 우리 제품을 사용했던 고객들이 이탈하는 경우가 많은 시기가 있었다. 나는 심한 압박감을 느끼고 새로운 마케팅 전략이 절실하다고 판단했다. 그때 읽고 있던 책에서 얻은 고객 경험(Customer Experience)에 대한 통찰로 그 위기를 잘 넘길 수 있었다. 고객의 관점에서 우리 제품 사용에 따르는 불편함과 구매를 지속하는 것을 방해하는 요소가 무엇인지 파헤치기 시작했다. 나는 책에서 배운 내용들을 잘 정리해서 우리 회사 상황에 구체적으로 적용하기 시작했다. 이를 통해 크게 깨달은 지금 우리 회사의 고민을 또 다른 경영자도 고민했다는 사실을 책에서 발견할 수 있었다. 나는 그 내용을 회의에서 공유했고 팀원들도 공감했다. 그날 우리는 기존의 마케팅 전략을 전면 수정하고, 고객의 경험을 최우선으로 고려한 새로운 전략을 세웠다. 이 전략 덕분에 우리는 고객들이 재구매하도록 이끄는 데 성공했고 그해 매출을 많이 증가시킬 수 있었다. 독서는 단순한 배움이 아니라 실제로 사업에 적용하고 실행하는 무기가 된다.

나는 수많은 책을 읽고 단순 지식을 쌓는 것에서 끝나지 않기 위해서 배운 지식을 실제 사업에 늘 적용하려고 한다. 팬데믹 이후로 세상은 더욱더 급변하고 있다. "독서가는 리더요, 리더는 독서가다."라는 말이 있듯이 내일을 장담할 수 없는 어려운 시기에 리더의 손에 있어야 하는 것은 바로 책이다.

리더는 항상 압박받고 있다. 책임을 져야 할 사람도 많고, 결정해야 할 일도 많다. 하지만 리더가 정말로 위대해지기 위해서는 단순히 외부의 일에 능숙해지는 것만으로는 부족하다. 진정한 리더는 자기 내면을 우선 관리할 줄 알아야 한다. 비폭력 운동의 상징인 마하트마 간디는 매주 하루를 침묵의 날로 정해 누구와도 대화하지 않고 홀로 자기 내면과 대면하는 시간을 가졌다고 한다. 이는 그가 자신을 돌아보고 내면의 평화를 유지하기 위한 훈련의 일환이었다. 간디의 이러한 영성 관리 덕분에 그는 비폭력 운동의 리더로서 끝까지 흔들리지 않고 자신의 길을 걸을 수 있었다. 이는 오늘날 리더에게도 중요한 교훈을 준다. 영성 관리는 리더가 겪는 외부의 압력보다 더 큰 내적 힘을 만들어 주는 필수적인 과정이다. 이렇듯 리더는 혼자만의 시간이 필요하다. 우리는 바쁜 일상에서 하루하루를 살아갈 때 자기 내면을 들여다볼 여유가 없을 때가 많다. 사람들은 흔히 리더가 외부의 일에만 집중하고 있다고 생각하지만 실제로 가장 위대한 리더들은 내면을 먼저 관리한다.

현대의 리더도 마찬가지다. 우리는 매일 수많은 결정을 내려야 하고 팀을 이끌어야 하며 때로는 예상치 못한 위기와 마주해야 한다. 이런 순간에 외부의 압력에 휘둘린다면 금세 지치고 무너질 수밖에 없다. 리더가 되기 전에 먼저 자신의 내면을 정돈하고 그 힘을 키워야 한다.

소자본으로 결국 해내는 여성창업, 콘텐츠가 답이다!

사업 초기, 나는 바쁘게만 달렸다. 매일매일 쏟아지는 업무와 끊임없이 해결해야 할 문제들 속에서 쉴 틈 없이 움직였다. 더 많은 프로젝트를 성공시키고 팀원들을 이끌어야 한다는 생각에 자신을 몰아붙였다. 그러나 이내 나는 무언가가 잘못되고 있음을 느꼈다. 나의 내면은 지쳐 갔고 마음속에 쌓인 압박감은 폭발하기 일보 직전이었다. 그때 나는 깨달았다. 아무리 외부의 일에 능숙해진다고 해도 내가 스스로 내면을 돌보지 않으면 한순간에 공든 탑을 포기할 수밖에 없겠구나. 그 후로 나는 혼자만의 시간을 갖기로 결심했다. 매주 금요일 저녁, 나는 일정을 모두 비우고 한적한 곳에 가서 혼자 책을 읽거나 산책하며 나 자신을 돌아보는 시간을 가졌다. 처음에는 이렇게 시간을 보내는 것이 과연 옳으냐는 생각이 들기도 했지만, 시간이 지날수록 이러한 시간이 나에게 새로운 영감과 에너지를 주고 있음을 느낄 수 있었다.

중요한 프로젝트가 무산될 위기에 처한 어느 여름에도 나는 평소와 달리 침착하게 대처할 수 있었다. 내면의 힘이란 겉으로 보이지는 않지만, 결정적인 순간에 나를 지탱해 주는 단단한 근육 같은 것이라는 걸 알게 되었다. 그 이후로 내적 균형을 유지하기 위해 혼자만의 시간을 반드시 확보하는 습관이 생겼다.

리더로서 혼자만의 시간을 갖는다는 것은 단순한 휴식이 아니다. 이는 나 자신을 다시 돌아보고 내가 진정 원하는 것이 무엇인지, 어떤 결정을 내려야 할지 차분하게 숙고할 수 있는 소중한 시간이다. 이 이야기를 들으면 바다의 물고기가 떠오른다. 인간은 바다 깊은 곳으로 잠수하면 그 압력을 견디지 못하고 죽음에 이를 수 있다. 그러나 깊은 바닷속 물고기들은 잘만 산다. 왜냐하면 깊은 수심에 익숙해진 물고기의 몸이 외부의 압력과 균형을 이루기 때문이다. 리더도 마찬가지다. 외부에서 오는 압력이 높을수록 리더는 그보다 더 큰 내부의 힘을 가지고 있어야 한다. 그 힘은 혼자만의 시간을 통해 얻을 수 있다.

영성 관리의 첫걸음은 자신과의 대화에서 시작된다. 나는 매일 새벽 기도문을 쓰며 하루를 시작한다. 아무 소리도 들리지 않는 방에 앉아 스스로에게 질문을 던진다. '지금 내가 하는 일이 맞는가?', '나는 무엇을 원하는가?', '나의 팀은 올바른 방향으로 가고 있는가?' 여성 리더로서 우리는 가정에서 그리고 직장에서 많은 역할을 동시에 수행해야 한다. 이 모든 역할을 하면서도 자신을 잃지 않기 위해서는 영성 관리가 필수적이다. 우리에게 주어진 사회적 압력은 전혀 낮지 않다. 그렇기에 더욱더 내면의 힘을 키워야 한다.

위대한 리더는 겉으로 드러나는 성과뿐만 아니라 내면의 힘을 통해 자신을 이끈다. "독수리는 혼자 날지만 까마귀는 무리 지어 난다."라는 말처럼 진정한 리더는 때때로 홀로 서기 위한 시간을 갖는다. 혼자만의 시간은 나를 더 단단하게 만들어 주며 내가 겪는 압박과 스트레스 속에서도 흔들리지 않게 만들어 준다.

여성 리더로서 우리는 더 큰 압박을 마주하지만, 그것을 이겨내는 힘은 내면의 깊은 곳에서 나온다. 리더가 되기 전에 우리는 자신을 먼저 이끌어야 한다. 그러기 위해선 철저한 자기 성찰과 영성 관리가 필수적이다. 리더십의 길에서 나 자신과의 시간을 소중히 여기며 내면의 힘을 키워 나가자. 그것이야말로 진정한 우아한 리더십의 시작이다.

간디가 침묵의 날을 정해 홀로 있는 시간을 갖고 스스로를 돌아봤듯 우리도 자신만의 시간을 가지고 재충전해야 한다. 그 시간이 우리를 더 강하게 만들고 더 멀리 나아갈 수 있게 만든다. 시간을 효율적으로 관리하면서 홀로 있는 자신만의 시간을 확보하자. 혼자 있는 시간에 끊임없는 독서로 내면을 충만하게 채우자. 우아한 리더십은 이 세 가지의 무기로 견고해져 갈 것이다. 나 자신을 돌보며 그 힘으로 세상을 변화시키는 리더가 되는 것, 그것이 여성이 나아가야 할 길이다.

2

현장의 중심, 지사의 리더십

사업에는 여러 영역이 있지만 그중에서도 가장 중요한 것이 있다. 그건 바로 '어떻게, 누가, 어디에서, 어떻게 팔 것인가?' 하는 문제이다. 기업이 아무리 좋은 물건을 만들었어도 시장에 풀 수 없다면 기업은 존립하기 어렵다. 사업을 제대로 하려면 유통산업의 기능과 유통 경로를 잘 알아야 한다. 처음에는 나도 유통산업에 대해 아는 바가 전혀 없었다. 우리가 직접 개발하고 제조해서 영업까지 해야 한다고 생각했다. 유통 분야에 대해 잘 몰랐지만, 책과 여러 경로를 통해 우리 물건을 중간에서 잘 영업할 사업자를 찾는 것이 매우 중요하다는 것을 알았다. 그때부터 나는 지역에서 우리 물건을 잘 영업할 사장님을 찾는 데 집중했다.

한없이 낯설기만 한 유통산업에 대한 이해도 부족했고, 네트워크도 없었던 터라 처음부터 영업이 너무나 높은 산처럼 어렵게 느껴졌다. 어떻게든 영어 도서 유통 총판을 찾아야겠다고 다짐하고 있을 때 지인으로부터 한 분을 소개받았다. 당시 우리 회사는 인지도가 낮았기 때문에 다짜고짜 만나자고 하니 반기는 눈치는 아니었다. 나는 회사로 직접 찾아가 우리 콘텐츠를 보여 주고 열정을 다해 설명했다. 반응은 그야말로 시큰둥했다.

"대표님, 교재랑 교구 개발하시느라 애는 쓰셨는데, 글쎄요. 잘될 것 같지 않네요."

"사장님, 다시 한번 저희 물건 잘 살펴봐 주세요. 정말 잘 만들었거든요."

"저는 영어에서 교구 시장이 열릴 거로 생각하지 않아요. 가격도 비싼 편이고요."

"어떤 점이 힘들다고 판단하시나요?"

"죄송한데 제가 아주 바쁘거든요. 오늘은 이만 가세요."

"네, 알겠습니다. 샘플은 두고 갈 테니 원장님들께 한 번씩만 보여 주시면 정말 감사하겠습니다."

"괜찮습니다. 그냥 다 가져가세요. 저도 시간 낭비하고 싶지 않아요."

그 이후로 어렵게 연결된 총판 사장님들은 하나같이 비슷한 반응이었고, 계속되는 거절을 경험했다. 이렇게 끊임없이 거절당하고 오는 날은 돌아오는 차 안에서 눈물이 쏟아졌다.

'최정화, 너 정말 아무도 못 파는 물건을 만든 거니? 왜 그랬어?'

'내가 어쩌다 사업이라는 것을 하게 된 것일까?'

'누구도 설득할 수 없다면⋯. 내게 사업은 정말 안 되는 것이었나?'

그런 자책도 많이 들었다.

하지만 이대로 주저앉을 수는 없었다. 아무도 팔 수 없다면 내가 직접 팔아야 했다. 전국을 다녀 보리라 다짐하고 여행 가방을 차에 실었다. 그때부터 나의 찬란한 실크로드의 시대가 열렸다. 혼자 입에서 단내가 나도록 열심히 뛰고 또 뛰며 영업을 이어 갔다. 신기하게도 영업을 지속해서 하다 보니 주문하겠다는 원장님들이 생기고 그들이 입소문을 내 줘서 소개로 이어졌다. 태어나서 처음 영업이라는 것을 해 보았지만 점점 어떻게 영업해야 하는지 알 것 같았다. 영업에 관한 책을 많이 읽었지만 직접 현장에서 부딪쳐서 배우는 것은 또 다른 세계였다. 이렇게 매일매일 열심히 전국을 영업한 덕분에 매출이 상승하기 시작했다.

이제 본격적으로 다시 총판 사장님들을 만날 자신감이 생겼다. 전국에 우리 콘텐츠의 영업과 유통을 담당할 30개의 지역 총판을 세팅하기 시작했다. 총판 계약서를 작성하고 영업에 필요한 홍보물과 견본들을 보냈다. 나는 제품과 홍보물로 가득 찬 차를 직접 운전하며 전국을 누비고 다녔다.

천안, 대전, 대구, 부산, 청주, 강릉, 전주, 광주 전국에 안 가 본 곳이 없었다. 지역 총판의 영업을 독려하고 지원하며 지역에서 우리 회사를 잘 알리도록 하기 위함이었다. 하루는 전라도 광주 총판 사장님을 만나기 위해서 새벽부터 집을 나섰다. 사장님은 내가 방문하는 것을 반기지 않는 눈치였다. 굴하지 않고 무조건 가겠다고 했다. 광주광역시는 포기할 수 없는 지역이기에 무작정 길을 나섰다. 광주 사무실에 도착했는데 우리 물건은 일주일째 구석에 먼지만 쌓이고 있었다. 사장님께 물어보았다.

"사장님, 저희 상자 개봉도 안 하셨나 봐요."

순간 화가 나고 울컥했지만, 차분하게 사장님께 물었다.

"사장님, 왜 저희 상자 개봉도 안 하시고 영업 시작도 안 하신 거예요?"

사장님은 어렵게 대답했다. 이 분야에는 자신이 없다는 것이다. 이런 물건은 처음이라 누구부터 만나야 할지 모르겠다는 것이다. 나는 이렇게 대답했다.

"사장님, 그런 이유라면 제가 도와드릴게요. 제가 매주 와서 영업 지원하겠습니다. 한 명도 좋고 두 명도 좋으니 원장님들과 약속만 잡아 주세요. 제가 사장님이 이 지역에서 성공하실 수 있도록 최선을 다해 도와드릴게요. 우리 할 수 있어요!"

사장님은 나에게 미안해서인지 매주 광주광역시에 갈 때마다 원장님들과의 약속을 하루에 8건씩 잡으셨다. 나는 열정을 다해 제품을 설명했다. 원장님 학원에 우리 회사 콘텐츠를 사용한다면 성공적인 교육사업을 할 수 있다는 희망의 메시지를 설파했다. 참고로 나는 영업의 신도 아니고 영업을 해 본 적도 없는 사람이지만 매우 절실했고 전남 지사가 우리 회사의 총판을 포기하지 않기를 간절히 바랐다.

사장님은 나의 열정과 성실함에 감탄했다. 젊은 여자 대표님이 이렇게 적극적으로 인생을 사는데 내가 너무 안일하게 생각했다며 미안하다고까지 하셨다. 광주 총판 사장님은 연배도 한참 많으시고 평생을 도서 영업으로 잔뼈가 굵으신 분이다. 영업적으로는 그 사장님과 나의 역량은 비교도 되지 않는다. 마치 번데기 앞에서 주름을 잡은 격이었다.

지방 쪽 총판은 성공적으로 세팅이 되어 갔다. 나는 어떻게 하면 서울을 잘 뚫을 수 있을까 고민했다. 서울은 가장 큰 시장이다 보니 총판들도 많았다. 나의 목표는 전국 1등 사업자와 연결하는 것이었다. 하지만 전국 1등 사업자와 연결된다는 것은 쉬운 일이 아니었다. 그런데 어느 날 기적

같은 일이 일어났다. 그날도 지방에서 영업 지원과 교사 교육을 마치고 피곤한 몸을 이끌고 올라오는 길이었다. 모르는 전화가 부재중으로 떠 있었다. 오늘은 너무 피곤하니 내일 전화해야겠다고 생각하다가 '아니야, 지금 걸어야지.' 하며 전화를 걸었는데 어느 남자분의 목소리가 들려왔다.

"안녕하세요?. 헤세드에듀 대표님이시죠?"

"네, 맞는데요. 누구시죠?"

"저는 이엠북스 박균태 이사입니다."

이엠북스는 전국 영어 도서 총판 1등 사업자이다. 순간 너무 놀라서 물어보았다.

"아니, 어떻게 제 번호를 아셔서 전화 주셨나요?"

"네, 소개받고 전화했습니다. 혹시 최대한 이른 시간 내에 대표님을 뵐 수 있을까요?"

"네, 그럼요. 어디서 뵐죠?"

"제가 헤세드에듀로 직접 찾아뵙겠습니다."

그다음 날 바로 헤세드에듀에서 미팅이 이루어졌다. 일단 제품은 익히 들어서 많이 알고 있다고 했고 헤세드에듀를 서울에서 제대로 영업하고 싶다고 했다. 나는 순간 당황했다. 그렇게 연결하고 싶었는데 스스로 찾아 오셔서 우리 콘텐츠에 적극성을 보이시다니 너무 감사한 순간이었다. 이 엠북스는 당시 서울에서 유명하고 규모 있는 사립학교, 학원 고객들을 많이 보유한 일등 사업자였다. 계약은 바로 이루어졌고 그때부터 매출에 날개가 달린 듯 엄청난 상승을 하기 시작했다.

얼마 지나지 않아 감사하게도 전국 2등 사업자가 바로 연결됐다. 사업은 누구를 만나느냐가 가장 중요하다. 우리 회사는 좋은 파트너를 만나면서 전국 1등에서 5등까지의 총판 라인업들이 생기게 되었다. 지금 헤세드에듀의 교재와 교구는 누구나 판권을 가지고 영업하고 싶어 하는 콘텐츠로 자리 잡고 있다.

나도 처음 영업할 때는 매우 두려웠다. 그러나 이 두려움이 이내 용기로 바뀔 수 있었던 것은 든든한 지사의 파트너들 덕분이었다. 그들은 우리 회사의 지지자이자 동지이고 영업의 선배들이다. 그분들의 조언과 우리 콘텐츠에 대한 신뢰가 없었다면 회사의 성공도 없었을 것이다. 만들기만 하고 팔지 못했을 테니 말이다. 지금도 전국에 계신 든든한 지사 사장님들 덕분에 나는 발을 뻗고 잠시나마 단잠을 잘 수 있다.

"다리를 움직이지 않고는 좁은 도랑도 건널 수 없다.

소원과 목적이 있되 노력이 따르지 않으면 아무리 환경이 좋아도

소용이 없다. 꾸준히 노력하는 사람은 반드시 성공을 거두게 된다."

— 알랭 —

영업할 때 내 안에서 뿜어져 나오는 용기의 바탕은 누구에게도 부끄럽지 않게 노력했다는 성실함에 있다. 전국에서 눈물, 콧물 빼며 영업을 시작하고 그 결실을 보기까지 직접 몸으로 부딪치며 배웠다. 환경이 나쁠수록 오기가 났고 그 오기는 용기가 되었다. 수많은 거절에도 좌절하지 않고 꼬꾸라지더라도 부딪쳐 보며 바닥에서부터 배워 가는 경험이 중요하다.

3

사람을 움직이는 힘

경영자는 사람을 통해 일을 하는 사람이다. 그래서 경영자는 사람을 어떻게 움직일 것인가를 끊임없이 고민하게 된다. 왜냐면 그들이 성과를 내줘야 회사가 돌아가기 때문이다. 하지만 이 고민은 많은 리더십 책과 씨름하면서도 여전히 어려운 과제이다.

처음엔 나도 많은 사람들이 생각하듯이 리더는 앞에서 모든 것을 지휘하고 조직을 이끌어야 한다고 생각했다. 그러나 이제는 알게 되었다. 진정한 리더십은 머리가 아닌 마음에서 나온다는 것을. 사람을 움직이려면 그들의 이성적인 머리가 아닌 그들의 마음에 와닿아야 한다는 것을 말이다.

나도 한때는 모든 걸 직접 해결하려고 했다. 사업 초창기엔 직원들이 많

소자본으로 결국 해내는 여성창업, 콘텐츠가 답이다!

지 않았고 자연스럽게 모든 걸 내 손으로 처리해야 했다. 제품 기획부터 마케팅, 고객 응대까지. 모든 일이 내 손을 거쳐 갔고 나는 그걸 자랑스럽게 생각했다. '내가 없으면 이 회사가 어떻게 굴러가겠어?'라는 마음이 컸다. 하지만 회사를 운영한 지 몇 년이 지나자, 내가 끌어가는 방식이 더 이상 통하지 않는다는 걸 깨달았다. 나는 잘못된 리더십을 발휘하고 있었다. 내가 앞에서 모든 걸 지휘해야 한다는 착각에 빠져 있었다. 하지만 조직은 나 혼자 움직이는 게 아니다. 직원들 각자의 힘과 지혜를 모으지 않으면 회사는 성장하지 않는다.

몇 년 전, 나는 중요한 결정을 내려야 할 순간을 맞았다. 당시 나는 출판과 교육 콘텐츠 개발을 병행하고 있었고 어느 한쪽에만 집중하기에 어려웠다. 직원들도 많이 늘어났고 각자의 분야에서 최고의 성과를 내주길 기대했다. 하지만 상황은 그리 순조롭지 않았다. 나 혼자 앞에서 모든 걸 결정하려다 보니 직원들은 점점 내게 의존하게 되었고 그들의 창의성은 점차 사라져 갔다. 이러다간 조직이 무너질 것 같다는 위기감이 들었다. 그래서 결심했다. 직원들이 각자의 역할을 충분히 발휘할 수 있도록 그들의 마음을 움직이는 리더가 되기로 말이다.

내가 처음 한 일은 각자의 강점을 파악하는 것이었다. 어떤 직원은 성실하고 규칙에 맞춰 일을 추진하는 데 탁월했지만, 어떤 직원은 유연한 사고와 창의력으로 난관을 돌파하는 재능이 있었다. 나는 그들의 강점에 맞춰 역할을 배분하기 시작했다. 그리고 그들의 결정을 존중하고 신뢰했다. 그 결과는 놀라웠다. 내가 모든 걸 결정하는 대신 직원들이 스스로 문제를 해결하고 그들의 지혜를 발휘할 수 있는 기회를 주었더니 조직 전체가 활력을 되찾았다. 이전에는 생각지도 못한 혁신적인 아이디어가 쏟아졌고 성과도 눈에 띄게 좋아졌다. 사람은 머리로 움직이는 것이 아니라 마음으로 움직이는 존재라는 것을 나는 그제야 깨달았다.

사업을 하면서 힘든 순간들은 늘 온다. 사업이 처음 순조롭게 진행될 때는 모든 게 잘 풀리는 듯 보였다. 하지만 예상치 못한 경제적 위기가 찾아왔고 사업은 큰 어려움에 부닥치게 되었다. 혼자서는 결코 이 위기를 이겨낼 수 없다는 위기감마저 들었다.

그때 내가 했던 건 직원들에게 솔직하게 내 마음을 털어놓는 것이었다. "나는 지금 혼자서 이 문제를 해결할 수 없어요. 여러분의 도움이 필요해요." 이 말을 꺼내는 데는 많은 용기가 필요했다. 내가 모든 걸 해결해야한다는 생각을 내려놓는 게 쉽지 않았으니까. 하지만 그 순간이 오히려 조직의 결속력을 강화했다. 직원들은 내가 그들의 마음을 움직였다고 말했다. 그들은 내가 완벽한 리더가 아니어도 괜찮다고 느꼈다. 그리고 그들의 능력과 지혜를 모아 함께 위기를 극복했다. 사람은 마음이 움직일 때 진정한 힘을 발휘한다.

리더십은 머리로 해결하는 게 아니다. 사람을 움직이는 것은 결국 마음이다. 직원들이 자신의 역할에 자부심을 느끼고 자신이 존중받고 있다는 걸 느낄 때 그들은 스스로 최선을 다해 조직에 이바지하게 된다. 진정한 리더는 자신을 내세우지 않고 구성원들이 스스로 빛날 수 있도록 돕는 사람이다.

나는 리더십을 고민하는 많은 여성 리더들에게 이 말을 전하고 싶다. 리더십을 고민하는 그대여, 머리 말고 마음을 다해 동료에게 다가서라. 그러면 그들은 혼과 신을 다해 조직에 이바지하리니.

당신의 리더십,
최선을 다하는 용기에서 나온다

리더십을 발휘할 때 가장 중요한 것이 무엇일까? 다양한 답이 있을 수 있지만 내가 리더로서 가장 크게 배운 점은 '최선을 다하는 용기'다. 그것은 단순히 결과를 위한 도전이 아니라 과정에서 매 순간 느끼는 두려움을 딛고 일어서는 용기에서 시작된다. 그 용기가 리더십의 본질이라는 걸 여러 경험을 통해 깨닫게 되었다.

회사를 운영하면서 가장 큰 위기 중 하나는 초기 자금 부족이었다. 내가 처음 사업을 시작했을 때는 모든 것이 미지수였고 자금을 마련하는 일도 쉽지 않았다. 특히 새로 시작하려던 교육 프로그램이 완성될 무렵 자금이 거의 바닥났다. 직원들의 급여도 지급해야 했고 프로그램 출시 마케팅을 위해서 추가적인 비용도 필요했다. 그때 나는 두 가지 선택을 할 수 있

소자본으로 결국 해내는 여성창업, 콘텐츠가 답이다!

었다. 안전하게 후퇴하거나, 리스크를 감수하고 앞으로 나아가는 것이었다. 하지만 내 선택은 명확했다. 최선을 다하자. 나에게 남아 있는 건 두려움과 그것을 극복할 용기뿐이었다. 나는 당시 가진 거의 모든 자금을 연구 개발에 투자하기로 결심했다. 연구원들과 함께 전력을 다해 커리큘럼을 기획했고 밤낮으로 달려들었다. 교재, 교구 하나하나를 만드는 데에도 여러 번 수정하고 피드백을 받으면서도 포기하지 않았다. 결과는? 대성공이었다. 나는 그때 깨달았다. 리더십이란 최선을 다해 두려움을 극복하는 용기에서 나온다는 것을. 내가 그때 용기를 내지 않았다면 지금의 나는 없었을 것이다. 리더십이란 모든 것이 불확실할 때 내 모든 것을 걸고 도전하는 그 용기에서 시작된다.

모든 도전이 성공으로 이어지지는 않는다. 한 번은 큰 규모의 출판 프로젝트를 진행한 적이 있었다. 예상보다 비용이 더 많이 들었고, 시간이 지연되면서 점점 부담이 커졌다. 이미 많은 자금을 투입했기에 중간에 포기할 수는 없었지만, 결과는 예상 밖이었다. 책이 출시되었을 때 판매는 저조했고 프로젝트는 큰 손실로 마무리되었다. 그때 나는 자책했다. '더 잘할 수 있었을까?', '다른 선택을 했으면 어땠을까?' 여러 생각이 머리를 스쳤다. 하지만 그 과정에서 하나는 분명했다. 나는 그 프로젝트에 내 모든 걸 쏟아부었다. 내가 할 수 있는 모든 것을 다 했고 그 과정에서 얻은 경험은 돈으로 살 수 없는 가치였다. 비록 결과는 실패였지만 그때에도 최선을 다했다는 사실이 내게 용기를 주었다. 실패는 때로 우리를 주저앉히지만, 최선을 다한 도전은 나를 다시 일어서게 했다. 그 경험 덕분에 나는 새로운 출판 프로젝트에 재도전할 용기를 얻었고 이후의 성공은 그 실패에서 얻은 교훈 덕분이었다. 리더로서의 용기는 실패 속에서도 최선을 다할 수 있는 마음가짐에서 나온다.

내가 가장 기억에 남는 프로젝트는 직원들과 함께 끝까지 버텨 낸 경험이었다. 몇 해 전 우리는 큰 교육 콘텐츠 개발 프로젝트를 진행하고 있었다. 그때 나는 직원들과 함께 현장에서 직접 뛰었다. 모든 자료를 분석하고 새로운 아이디어를 내며 끊임없이 수정했다. 팀원들은 지쳐 갔고 나 역시 몸이 무거웠지만 우리는 포기하지 않았다. 어느 날, 한 팀원이 나에게 이렇게 말했다. "사장님, 우리 정말 이걸 끝낼 수 있을까요?" 그 순간 나역시 확신이 없다는 것을 알았다. 하지만 리더로서 나는 그들에게 최선을 다하는 모습을 보여 주어야 한다고 생각했다. 그래서 나는 이렇게 말했다. "우리가 여기까지 왔잖아. 조금만 더 최선을 다해 보자. 나는 여러분과 함께 끝까지 포기하지 않을 거야." 그 말 한마디에 팀원들은 다시 힘을 내기 시작했다. 우리는 밤늦게까지 남아 자료를 정리하고 피곤한 얼굴로도 서로를 격려하며 끝까지 버텼다. 그 결과 우리는 그 프로젝트를 성공적으로 완수했고 이후 회사 내에서 큰 성과로 인정받았다. 나는 그때 알았다. 리더가 최선을 다하는 용기를 보여 주면 팀원들도 함께 최선을 다한다는 것

소자본으로 결국 해내는 여성창업, 콘텐츠가 답이다!

을. 리더의 용기는 혼자만의 것이 아니라 팀 전체에 전파되는 힘이었다.

리더는 때로 혼자서 모든 것을 감당해야 하는 고독한 자리다. 하지만 그 자리에서 중요한 것은 결과를 두려워하지 않고 최선을 다하는 용기다. 그 용기가 팀원들을 움직이고 도전 앞에서 주저하지 않게 만든다. 리더는 완벽할 필요가 없다. 하지만 매 순간 자신이 할 수 있는 최선을 다하는 모습은 팀에게 영감을 준다. 최선을 다하는 용기, 그것이 바로 리더십의 시작이다.

길고 지난한 길을 함께할 동료를 찾아라

"만일 고객들이 '마쓰시타 전기'가 무엇을 만드는 회사냐고 물으면 제품이 아닌 사람을 만드는 곳이라고 답하게나."

"사업은 사람을 중심으로 발전해 가며 그 성패는 적절한 사람을 얻고 쓰는 것과 밀접하게 연관되어 있다."

『사업은 사람이 전부다』를 쓴 파나소닉 창업주 마쓰시타 고노스케의 말이다.

사업을 한다는 것은 제대로 된 사람 공부를 하는 것이다. 왜냐하면 사업은 사람이 전부이기 때문이다. 사업 12년 차에 접어든 지금은 그것을 더욱 확실하게 느낀다. '모두 사람이 하더라.' 바야흐로 인공지능 시대가 도래하고 많은 미디어와 책에서는 인공지능이 사람을 얼마큼 대체할 것인가

하는 것이 화두가 되지만, '그래도 여전히 사람이 답이다.'

사업 초기에는 사장이 많은 역할을 해야 한다. 나 역시 그랬다. 나는 개발자였고 영업사원이었고 경리였으며, 때로는 물류 직원이 되어 박스 포장과 배달까지 했다. 밤에 배송하고 오면 불 꺼진 사무실에 들어가서 다시 컴퓨터를 켜고 세금 계산서를 발행해야 하는 그야말로 원맨쇼를 했다. 하지만 계속해서 원맨쇼로 사업을 한다면 오래도록 지속할 수 없다. 지쳐 쓰러진다.

오늘날의 창업은 마치 망망대해에서 작은 조각배 하나 타고 가는 기분이다. 언제 해일을 만날지 전혀 예측할 수 없다. 작은 조각배라 할지라도 이 배에 기꺼이 희로애락을 함께할 동료가 절실히 필요하다. 회사가 연차를 거듭할수록 분야는 더욱 세분되고 전문화된다. 각각의 분야는 모두 전문성을 갖춰야 하고 이에 맞는 사람들이 필요하다. 이 많은 전문성을 요구하는 분야에서 사장이 모든 것을 핸들링하고 잘한다는 것은 거의 불가능하다. 나의 경우 예술가적 기질이 많은 편이다. 우뇌 베이스에 특화된 사람이다 보니 상대적으로 좌뇌적 업무 처리에 취약하다. 창의성이 남들보다 나아서 콘텐츠를 기획하고 개발하는 데 중요한 역할을 하고 있지만 회사는 더 많은 다양한 부분들을 문제없이 잘 해내야 함을 요구한다.

회사를 설립한 지 12년 된 지금, 다양한 부서들이 견고하게 자리 잡은 이유는 부서를 잘 지켜 내고 있는 부서장 시스템 덕분이다. 회사의 중추적인 역할을 감당하고 있는 각 부서의 리더인 부서장들은 대부분이 결혼해서 아이를 키우고 있는 엄마들이다. 우리 회사는 경단녀들이 다시 재취업하는 경우가 많다. 예전에 화려하게 직장 생활을 했지만, 육아와 여러 가지 상황으로 경력을 지속하지 못한 경우가 다반사다. 가정일과 육아에 집중하다 보면 7~8년은 훌쩍 경력 단절이 되어 버린다. 아이가 일고여덟 살이 되어서도 엄마의 손길은 여전히 필요하지만, 엄마이기 이전에 한 인간으로서 '나도 다시 일하고 싶다'라는 사회적 욕구가 강하게 되살아난다. 하지만 사회의 냉혹한 현실은 가정주부를 선뜻 고용하려고 하지 않는다.

나는 한 회사의 사장이기 이전에 그들과 같은 엄마이면서 아내이고 동시에 딸이자 며느리이다. 가정주부로서 치열한 사회 한복판에서 직장 생활을 하기 위해서는 슈퍼우먼이 되어야 한다는 것을 잘 알고 있다. 자신 안에 사회적 성취 욕구가 용솟음치고 있는 엄마 사원에게 용기와 기회를 주고 싶었다. 과감하게 경단녀들을 등용하여 이들이 마음껏 꿈을 펼치기에 부족함 없는 환경을 만들기 위해서 노력했다. 그리고 이들의 능력을 한껏 끌어올려서 아내와 엄마이기 이전에 사회의 한 구성원으로서 역할을 멋지게 해내는 무대가 바로 우리 회사이기를 간절히 바랐다.

엄마 직원들이 많은 우리 회사에는 울고 웃는 사연이 많다. 어느 날은 아침, 늘 밝은 얼굴로 아침 인사를 건네던 직원의 얼굴에 걱정이 가득해 보여서 무슨 일이 있느냐고 물어보았다. 그러자 그 직원은 어렵게 이야기를 꺼낸다.

"대표님, 사실은 아이가 열이 나고 아파서 학교에 못 갔어요. 아이가 집에 혼자 있어서 좀 걱정이 되네요."
"아니, 그럼 회사에 전화하고 집에서 아이 먼저 챙겨야지. 아이 먼저 챙기세요. 업무보다 아이가 먼저예요."

집에 아픈 아이를 혼자 두고 온 엄마의 마음을 너무나 잘 알기에 빨리 집으로 가라며 재촉한다. 나는 사장이기 이전에 같은 엄마이기에 그 절절한 마음을 누구보다도 잘 이해하고 있다.

사장의 역할은 직원들의 상황을 배려하고 가정, 삶 그리고 회사 생활의 균형을 맞추도록 환경을 조성하고 격려하는 일이 중요하다. 또한 끊임없이 좋은 사람을 발굴하고 그 사람을 성장시키는 일 또한 매우 중요하다. 왜냐하면 모든 성공한 사업의 핵심은 바로 사람이기 때문이다. 장기근속 직원들이 많다 보니 가정의 대소사도 많다. 싱글인 직원이 결혼해서 가정을 꾸리는 경우도 생기고 또 아이를 낳기도 한다. 연로하신 부모님이 돌아가시는 일도 있다. 어느새 우리는 인생의 모든 희로애락을 함께 나누는 운명 공동체가 되었다. 우리는 인생을 같이하는 동반자가 되었다.

무엇보다도 우리 회사는 다 같이 성장하고 싶어 하며 서로를 발전시키는 성장의 동력들을 지속해서 만들어 간다. 1년에 두 번 전체 세미나를 진행하고 그때마다 주제를 같이 정하고 모든 회사 구성원은 발표한다. 각각 발표할 자료들도 고민해서 만들어 보고 같이 열띤 토론도 한다.

'인사 만사' 즉, '사람의 일이 곧 모든 일'이라는 뜻이다. 사업은 사람을 잘 세우는 일이 참으로 중요하다. 사장을 대신해서 모두 일하게 해야 한다. 사업의 연차를 거듭할수록 더욱 진하게 느끼는 사실은 사장의 시간은 명확한 한계가 있다는 것이다. 사장을 대신해서 열정을 다해 일할 수 있는 인재들을 확보하는 일은 너무 중요하다. 처음부터 완성된 사람을 데려오기보다는 같이 화합하며 태도가 좋은 사람이 좋다. 과거가 화려하기보다는 미래가 반짝반짝 빛나는 사람을 등용해야 한다. 그들을 믿어 주고 기회를 주다 보면 각자의 자리에서 멋진 전문가가 되어 있다. 자영업과 사업의 차이는 회사에서 사장이 뭐든지 가장 잘하면 자영업이고 회사 직원들이 사장보다 뭐든지 더 잘하면 그건 사업이라는 것이다. 철저하게 뭐든지 위임하는 기술, 믿어 주는 만큼 직원들은 성장할 수 있다.

소자본으로 결국 해내는 여성창업, 콘텐츠가 답이다!

참으로 오래전에도 '인사 만사'라는 공식은 성립이 된 듯하다. 삼고초려(三顧草廬)라는 유명한 말은 예나 지금이나 사장들에게 마음에 새겨야 할 중요한 메시지이다. 유비가 형주 땅 융중에 기거하던 제갈량을 얻기 위해 몸소 제갈량의 초가집으로 세 번이나 찾아갔던 일화에서 유래된 말이다. 사장이라면 끊임없이 길고 먼 항해를 함께할 동료를 찾아야 한다. 이토록 길고 지난한 싸움을 동료와 함께할 때 사업은 더욱 지속 가능해질 수 있다. 창업하고자 하는 예비 사장님들에게 꼭 말해 주고 싶다. "성공하고 싶은 그대여, 나 홀로 창업이 아니라 더불어 창업해라."

우아한 리더는 혼자가 아니다,
네트워킹과 멘토

내가 비즈니스를 처음 시작했을 때 네트워킹이란 말은 정말 멋져 보였지만 생소했다. 멋진 사람들과 어깨를 나란히 하고 손을 맞잡고 나아가는 그런 느낌이랄까? 그래서 나는 각종 모임과 행사에 빠짐없이 나갔다. 명함을 주고받고 여기저기에서 새로운 사람들을 만나는 게 마치 게임처럼 느껴졌다. 근데 문제는 그게 다였다는 거다. 악수 몇 번 하고 명함 몇 장 챙겼다고 해서 내 비즈니스에 큰 변화가 생기지는 않았다. 솔직히 그때는 좀 혼란스러웠다. '내가 뭘 하는 거지?' 싶었다. 그리고 그때 깨달았다. 단순히 사람 수를 늘리는 게 중요한 게 아니고 나를 진심으로 도와줄 수 있는 사람 그리고 내가 도와줄 수 있는 사람과의 깊은 관계가 필요하다는 걸 말이다. 그래서 네트워킹을 제대로 만들어 보기로 결심했다.

소자본으로 결국 해내는 여성창업, 콘텐츠가 답이다!

처음에는 네 명의 중요한 사람을 떠올렸다. 그들을 촉진자, 정비 담당자, 선생님, 그리고 실행자라고 불렀다. 이제 하나씩 이야기해 보고자 한다. 첫째, 촉진자는 나에게 가능성을 열어 주고 내가 더 큰 꿈을 꾸도록 만들어 준 사람이다. 한창 사업을 시작할 때가 떠오른다. 사실 그때만 해도 너무 불안했다. 그런데 촉진자가 "지금 있는 곳에 머물지 말고 더 멀리 봐야 해."라고 말해 줬다. 그 말이 마치 내게 날개를 달아 준 느낌이었다. 그래서 그때 마음을 다잡고 국내 시장에만 머물지 않고 해외로도 나아가기로 결심했다.

둘째, 정비 담당자. 이분은 내가 너무 꿈에만 빠져 있지 않게 현실로 끌어 내리는 역할을 해 줬다. 한 번은 큰 프로젝트를 준비하고 있었는데 그분이 "이 계획 너무 이상적이지 않아? 현실적으로 가능한지 다시 한번 생각해 봐."라고 했다. 사실 그때는 좀 기분이 상했었는데 돌아보니 그 충고가 없었으면 실패했을지도 모른다. 덕분에 나는 리스크를 줄이고 더 나은 방향으로 프로젝트를 진행할 수 있었다.

셋째, 선생님은 나에게 다양한 지식을 나눠 준 분이다. 비즈니스는 물론이고 인생 전반에 걸쳐 필요한 것들을 가르쳐 주셨다. 디지털 혁명이 막 시작될 때였는데 그분 덕분에 나는 최신 기술과 트렌드를 빠르게 익힐 수 있었다. 이걸 비즈니스에 어떻게 접목할지에 대한 인사이트도 얻게 되었다. 덕분에 회사는 계속해서 성장할 수 있었다.

마지막으로 실행자. 이분은 내 계획을 세부적으로 분석해서 완벽하게 다듬어 주었다. 내가 막연하게 생각하고 있던 아이디어를 실현할 수 있게 만들어 주었다. 나는 실행자의 도움을 받아 더 나은 결정을 내릴 수 있었다.

회사 초창기, 나는 여전히 발을 동동 구르며 혼자서 여러 역할을 소화하던 시절이었다. 제대로 앉아 밥을 먹을 시간도 없이 이리 뛰고 저리 뛰는 나날이었다. 그런 바쁜 일상 중에 남편에게서 전화가 왔다. 만나면 도움이 될 사람이 있으니, 모든 일을 제쳐 두고 우선 만나 보라고 권유했다. 그날도 일정이 한가득 있었고 회사 내부의 복잡한 문제들로 깊은 고민에 빠져 있던 중이었다. 삼성동까지 가서 미팅하려면 오후 시간을 완전히 투자해야 했는데 분 단위로 시간을 쪼개 생활하던 나에게는 쉽지 않은 결정이었다.

남편의 간곡한 기대에 마지못해 조인제 의장님 사무실로 향했다. 장소는 1층의 조용한 카페였다. 나는 준비해 간 교재와 교구, 브로슈어 등을 꺼내 간단히 헤세드에듀에 대해 브리핑했다. 회사 소개를 마치자, 조인제 의장님은 준비해 온 교재와 교구들을 마치 귀중한 보물처럼 세심하게 살펴보셨다. 당시 우리 제품이 시장에서 통할지 의심하는 사람들이 많았기에 그의 반응은 매우 신기했고 한편으로는 스타트업 대표를 위로하는 것일지도 모른다는 생각도 들었다.

"헤세드에듀, 정말 잘되겠는데요. 좋은 콘텐츠를 가지고 계시네요. 아이들에게 꼭 필요한 것 같아요. 앞으로 헤세드에듀가 세계시장에서 가장 영향력 있는 콘텐츠 회사가 될 거라고 믿습니다."

"우리 회사가 세계에서 가장 영향력 있는 콘텐츠 회사라니요?"

그의 찬사는 칠흑 같은 어둠 속에 비치는 한 줄기 빛과 같았다. 당시에는 수많은 거절로 자존감이 바닥을 치고 있었기에 그의 격려는 탄광 속에 갇혀 있던 나에게 산소호흡기와 같이 느껴졌다.

조인제 의장님은 한국에서 치대, 의대, 약대 편입 입시 회사를 운영하고 미국에서도 테라클이라는 회사를 운영하고 계셨다. 급하게 만나느라 그분이 누구인지 제대로 알지 못했지만 이렇게 큰 회사를 운영하시는 분을 만나다니 그 순간 막연한 희망이 내 안에 샘솟았다. 나는 하나님께 간절히 기도했다.

"하나님, 이분이 저의 소중한 멘토가 되게 해 주세요."

그 이후로 의장님과는 정기적으로 미팅을 가졌다. 회사의 위기 상황이나 중요한 결정을 할 때 조인제 의장님의 통찰 가득한 조언은 너무나 큰 도움이 되었다. 분명 내가 보지 못하는 것을 보는 분임에 틀림이 없었다. 그러던 어느 날, 전화가 왔다.

"최 대표님, 독일 메쎄 프랑크푸르트라는 세계 최대의 북 전시회에 참가하셔야 합니다."

"네? 마음은 그렇지만 경제적으로 여력이 없어서요."

"걱정 마세요. 전시회에 참가하는 모든 경비를 지원해 드릴게요. 헤세드에듀는 세계시장에서 승부를 봐야 한다고 믿습니다. 꼭 시간을 내서 전시회에 참가하세요. 저희가 직접 신청해 놓겠습니다."

이 소식은 마치 꿈인지 생시인지 분간하기에 어려웠다. 겨우 2년 차인 회사가 독일 메쎄 프랑크푸르트에 도서 콘텐츠를 들고 출전한다니 정말이지 흥분을 감출 수 없었다. 감사하게도 조인제 의장님의 지원을 받아 박현주 연구원과 함께 생전 처음 가는 독일행 비행기를 탔다. 우리는 세계 유수의 도서 콘텐츠 회사들과 어깨를 나란히 하며 일주일 동안 소중한 경험을 쌓았다. 전 세계에서 온 사람들도 우리 콘텐츠를 좋아해 주었고 계약을 맺겠다는 제안도 받았다.

독일에 다녀온 후에 새로운 가능성을 발견했지만, 회사의 자금 상황은 여전히 어려웠다. 그러던 중 또 하나의 귀한 만남이 있었다. 조인제 의장님의 쌍둥이 동생, 조훈제 대표님이었다. 우연한 자리에서 소개받았는데 그의 첫인상은 근엄하고 화학자의 면모를 지닌 어려운 분으로 다가왔다. 그런데 신기하게도 조훈제 대표님은 헤세드에듀를 한없이 긍휼히 여기셨다. 지금 돌이켜 보면 헤세드에듀의 아버지 같은 분이 바로 조훈제 대표님이 아닌가 한다. 회사가 어려움에 부닥쳐 앞뒤가 막힐 때마다 지원을 아끼지 않으셨던 분이시다.

"대표님, 아…. 정말 하기 힘든 이야기인데요. 제가 당장 막아야 하는 금액이 있어서. 어렵게 말씀드려요. 정말 죄송해요."
"최정화 대표님, 힘내세요. 당장 필요한 금액을 보내 드렸습니다. 이렇게 열심히 하시는 헤세드에듀는 반드시 잘될 거예요."

사업가는 항상 돈이 필요하지만, 조훈제 대표님께서 보내 주신 지원은 마치 산소를 나누어 준 것과 같이 말로 형용할 수 없을 만큼 감사했다. 지금도 조인제 의장님과 조훈제 대표님은 나의 영원한 멘토이다. 12년이라는 세월 동안 든든한 지원자이자 나의 사업 인생에 아버지와 같은 존재였다. 나는 여전히 회사의 크고 작은 일들을 그분들과 상의한다. 그들은 항상 환영해 주시고 회사가 잘 성장하고 있다고 가장 먼저 기뻐해 주신다. 이제는 받은 은혜를 나누며 살아가고자 한다. 비즈니스 환경은 여전히 숨 막히고 쉽지 않지만 누군가가 고군분투하며 베이비스텝을 걷고 있다면 나도 그들에게 조인제 의장님과 조훈제 대표님처럼 따뜻한 멘토가 되고 싶다.

이 네 분 덕분에 우리 회사는 비즈니스적으로 큰 도약을 할 수 있었다. 그리고 시간이 지나면서 이 네트워크를 조금씩 확장해 나갔다. 처음에는 네 명이었지만, 이제는 열두 명의 사람이 나를 도와주고 있다. 그들과의 관계는 단순히 사업 동반자가 아니라, 서로의 성장에 힘이 되는 진정한 친구 같은 존재들이다. 이 과정에서 가장 중요한 것은 진정성이었다. 단순히 이익을 위해 만나는 게 아니라 그 사람을 진심으로 이해하고 그들이 무엇을 필요로 하는지 생각하는 것이 중요하다. 그렇게 하다 보니 자연스럽게 신뢰가 쌓여 갔고 이 관계들이 나의 비즈니스와 삶에 큰 변화를 불러왔다.

어느 날 문득 돌아보니, 12년이란 세월 동안 비즈니스라는 낯선 길 위에서 나는 혼자인 적이 없었다. 이 사람들 덕분에 나도 성장할 수 있었고 그들과 함께라면 어떤 어려움도 이겨 낼 수 있다는 자신감이 생겼다. 그리고 그 과정에서 깨달은 것들이 있다. 네트워킹은 숫자가 아니라 깊이라는 것, 진정성 있는 관계가 진짜 힘을 발휘한다는 것을 깊이 깨달았다.

나는 어느 순간 새로운 사람을 만날 때마다 그들과 어떻게 진정한 관계

소자본으로 결국 해내는 여성창업, 콘텐츠가 답이다!

를 만들 수 있을지 자연스럽게 고민하게 되었다. 물론 여전히 어려운 순간들도 있고 새로운 도전을 할 때마다 불안하기도 하다. 하지만 내가 곁에 있는 이 사람들과 함께라면 나 혼자가 아니란 걸 알기에 더 용기를 낼 수 있다. 우리 모두 결국 혼자가 아니라는 걸 기억했으면 좋겠다. 네트워크를 형성함으로써 우리는 서로를 성장시키고 더불어 상생할 수 있는 강력한 힘을 얻을 수 있다.

5부

LOVE MYSELF!
나를 사랑하라

나를 버리지 마라

삶은 예측할 수 없는 일들의 연속이다. 특히 중년이라는 시기는 인생의 중요한 전환점으로 다가온다. 그래서 사람들은 중년을 위기의 시기라고 말하기도 한다. 그러나 이것을 꼭 위기로만 여겨야 할까? 조금만 생각을 달리하면 이 시기를 성장과 새로운 기회의 시간으로 만들어 갈 수 있다.

중년에 접어들어 비로소 나의 삶을 되돌아보는 시간을 갖는다. 교재, 교구 제작 사업을 시작한 초기에는 모든 것이 순조로울 것이라는 막연한 기대가 있었다. 그러나 예상치 못한 경제 불황이 찾아왔고 사업은 큰 위기를 맞았다. 그때 나는 하루하루 버텨 내기 위해 밤을 새우며 계획을 수정하고 새로운 기회를 모색했다. 가장 힘들었던 시기는 내가 기획했던 중요한 출판 프로젝트가 실패로 돌아갔을 때이다. 그때는 마치 나의 모든 노력과 열정이 물거품이 된 듯 허망했다.

하지만 그 시기를 통해 나는 놀라운 교훈을 얻었다. 이 과정에서 나를 지탱해 준 것은 내 곁에서 응원해 주던 가족과 몇몇 친구들이었다. 특히 함께 일하던 동료가 내게 "이 시련이 지나가면 더 단단해질 거예요."라는 말을 해 주었을 때 그 말이 큰 힘이 되었다. 그 이후로 나는 실패를 두려워하기보다는 배움의 기회로 삼기로 다짐했다.

고통은 불가피하지만, 그것이 꼭 부정적인 것만은 아니다. 팬데믹과 같은 세계적 위기는 나에게도 큰 도전이었다. 사회적 거리 두기와 업무 환경의 급변은 많은 사람들에게 불안과 스트레스를 주었지만, 나에게는 새로운 방식으로 사업을 운영할 기회를 열어 주었다. 기존의 대면 중심의 강의와 출판 행사를 온라인 플랫폼으로 전환하면서 전국의 고객들과 더 넓게 연결될 수 있었다. 처음에는 혼란스러웠지만 시간이 지나면서 디지털 환경에서의 가능성을 발견하고 오히려 성장의 발판으로 삼았다.

심리학 연구에 따르면 가장 의미 있는 경험들은 고통스러운 과정에서 비롯된다고 한다. 빅터 프랭클의 저서 『죽음의 수용소에서』는 나에게 큰 위로와 영감을 주었다. 그는 "고통은 삶의 본질적인 부분이며 그 속에서 우리는 내면의 힘과 개인적 성장을 발견할 수 있다."라고 강조했다. 사업

소자본으로 결국 해내는 여성창업, 콘텐츠가 답이다!

의 위기를 겪으면서 절망에 빠졌던 순간이 많았다. 그러나 그 고통을 통해 나 자신의 강인함을 새롭게 발견했고 주변 사람들의 진정한 지지를 체험할 수 있었다.

고통은 우리가 세상을 새로운 시각으로 바라보게 한다. 내가 불확실성과 두려움 속에서 배운 것이 참으로 많다. 연구에 따르면 슬픔과 같은 부정적인 감정은 집중력을 높이고 성장에 이바지할 수 있다고 한다. 나 역시 실패와 좌절 속에서 내면의 집중력과 결단력을 강화했다. 사업의 중요한 결정을 앞두고 느꼈던 불안감은 오히려 나를 더욱 철저하게 준비하고 깊이 생각하도록 만들었다. 이처럼 슬픔과 두려움은 내가 더 나은 결정을 내리고 앞으로 나아갈 힘을 길러 준 자양분이 되었다.

많은 이들이 고통스러운 경험 속에서 그것이 영원히 지속될 것이라고 느낀다. 그러나 시간이 지나면 그 고통은 영원하지 않으며 그것이 우리를 더욱 강하게 했다는 것을 알게 된다. 나 역시 그러한 경험을 여러 번 했다. 출판 사업의 위기는 내게 새로운 길을 열어 주었고 그 과정에서 다양한 기술을 배우며 더 나은 기회를 얻게 되었다. 한 번은 예상치 못한 실패로 인해 새로운 사업 아이템을 개발하게 되었고 그것이 회사의 중요한 수익원으로 자리 잡는 행운을 가져다주기도 했다. 종종 부정적인 감정이 내면의 회복탄력성을 키워 주며 성장할 수 있는 발판이 된다는 것을 실감했다.

결론적으로 중년이라는 인생의 전환점에서 겪는 어려움은 결코 피할 수 없는 과정이라는 것이다. 그러나 그 어려움은 우리에게 새로운 기회를 맞이할 준비를 시켜 준다. 인생을 다시 시작하기에 늦은 시간이란 없다. 현재 시련을 겪고 있다면 그것을 성장의 기회로 삼아 보면 어떨까. 나의 경험을 통해 확신할 수 있는 것은 우리는 그 과정을 거치면서 더 강해지고 지혜로워질 수 있다는 것이다. 상실과 고통 없이는 진정한 성장이 없다. 상실과 고통이 지나간 그 자리에서 우리는 더욱 단단하고 아름답게 피어난다.

책으로 '나를 사랑하기'

리더에게 독서란 단순한 읽기 이상의 의미를 지닌다. 그것은 곧 자신을 성장시키고 내면을 단련하는 시간이다. 독서 속에서 발견되는 지식과 통찰은 리더로서의 역량을 키우는 중요한 밑거름이 된다. 그럼에도 리더 중에는 독서를 부담스러워하는 사람이 있다. 그래서 나는 이 글을 통해 누구나 쉽게 실천할 수 있는 독서법으로 '목차 독서법'을 소개하고자 한다. 이 방법은 바쁜 삶 속에서도 꾸준한 독서를 실천하게 함은 물론이고 효율적인 독서를 가능하게 한다. 그리고 이 경험은 좀 더 깊은 독서를 하고자 하는 참된 독서의 길로 인도해 줄 것이다.

한때 나 역시 책 읽기를 어려워하던 시절이 있었다. 책을 펼치고 읽어도 무슨 내용을 읽었는지 기억나지 않아 답답함을 느꼈다. 책을 끝까지 읽어

내는 것이 힘겹게만 느껴져 점점 독서에서 멀어지곤 했다. 그러나 목차 독서법을 실천하면서 콜럼버스가 신대륙을 발견한 듯한 기분을 느꼈다. 목차를 적는 단순한 행위가 책의 전체적인 구조를 이해하고 기억하는 데 큰 도움을 준다는 것을 깨달았기 때문이다.

목차 독서법은 말 그대로 책의 목차를 노트에 적는 것에서 시작된다. 그저 한 장의 노트에 책의 목차를 적어 보자. 이 작은 행동이 책의 흐름과 주요 내용을 머릿속에 그리는 데 큰 역할을 한다. 필요할 때마다 목차들을 적은 노트를 펼쳐 보면 다양한 책의 핵심이 다시 머릿속에 생생히 떠오르는 것을 경험할 수 있다. 이렇게 기록된 목차는 마치 나만의 지식 지도와 같다. 나는 독서가 단순히 읽기만 하는 것이 아니라 내 생각과 기억 속에 깊이 스며드는 행위가 되어야 한다고 믿는다.

그리고 목차 독서법을 실천하며 나 자신을 돌보는 것이야말로 진정한 자기 사랑임을 깨달았다. 우리는 종종 바쁜 일상에서 자신을 위해 시간을 내는 것이 사치라고 느낀다. 그러나 독서를 통해 얻는 성장과 깨달음은 오히려 나를 더 사랑하고 아끼는 시간임을 알게 되었다. 리더로서 독서의 시간을 투자하는 것은 나만의 성장뿐만 아니라, 더 나아가 다른 이들에게 긍정적인 영향을 미치는 데 필수적이다.

실제로 삼성그룹의 창업주 고(故) 이병철 회장은 메모를 중요시한 것으로 유명하다. 그는 사장단 회의 중에도 끊임없이 메모하며 기억에 의존하지 않는 체계적인 사고를 유지했다고 한다. 그의 메모는 단순한 기록이 아니라 중요한 순간마다 빠르게 정보를 되새기고 활용할 수 있는 도구였다. 목차 독서법은 이러한 메모의 힘을 독서에 자연스럽게 결합한 방식이다. 목차를 적어 두기만 해도 우리는 기억의 부담을 덜 수 있고 그 내용을 필요할 때 쉽게 떠올릴 수 있다.

나도 한때는 독서 슬럼프에 빠진 적이 있다. 책을 집어 들었지만, 몇 페이지를 넘기지 못하고 포기하던 순간이 많았다. 그럴 때 목차 독서법이 나를 구원했다. 책을 다 읽지 않아도 좋다는 생각으로 목차만 적어 두고 책을 덮었다. 그리고 다시 책을 읽을 준비가 되었을 때 목차를 펼쳐 읽으며 그 책의 흐름을 따라갔다. 이러한 과정은 마치 숨을 고르고 다시 출발선에 서는 것처럼 나에게 새로운 활력을 불어넣었다.

목차 독서법의 또 다른 장점은 한 페이지의 메모로 나만의 독서 기록을 남길 수 있다는 것이다. 메모와 기록을 중요시하는 사람이라면 목차 노트는 일상의 귀중한 자산이 된다. 단순한 기록이지만 그것은 오랫동안 내게 남아 필요한 순간마다 아이디어를 제공하는 저장소가 된다. 책의 제목과 목차를 기록하고 중요한 내용을 추가로 메모해 두면 된다. 이 저장소는 화수분이 되어 시간이 지나 꺼내어 쓰고 또 써도 여전히 내게 지혜와 영감을 제공한다.

리더는 끊임없이 배우고 성장하는 사람이다. 목차 독서법은 복잡한 절차 없이도 이러한 성장을 돕는 단순하고도 효과적인 방법이다. 한 번 적은 목차 노트는 나만의 책장 하나가 되어 내가 읽은 책의 흔적을 남기고 필요한 순간마다 내게 다시 손을 내민다. 하루 10분, 목차를 적으며 책을 읽어보자. 이 작은 습관이 쌓이면 큰 성취감을 느낄 수 있다. 우리는 더 이상 기억하려고 애쓰지 않아도 된다. 목차 노트가 우리가 필요로 하는 때에 필요로 하는 그것을 상기할 수 있도록 도와줄 것이기 때문이다.

독서가 지루하고 어려운 일이 아니라 나 자신에게 선물하는 소중한 시간으로 바뀌기를 바란다. 리더는 책을 통해 자기 내면을 가꾸고 더 나은 결정을 내릴 수 있는 통찰력을 얻는다. 독서는 단순히 지식을 쌓는 것이 아니다. 나 자신을 사랑하고 성장시키는 과정이다. 책 속에서 발견한 작은 깨달음들이 모여 나를 더 깊은 사람으로 만들어 준다. 그리고 그 성장은 결국 다른 이들에게도 좋은 영향을 미치며 더 나은 리더십을 발휘하게 한다.

목차 독서법을 통해 독서가 나를 돌보는 따뜻한 시간이 되기를 바란다. 나만의 독서법으로 책을 읽고 그 속에서 성장하는 기쁨을 느껴 보자. 독서는 나를 위한 최고의 선물이자, 진정한 자기 사랑의 행위임을 잊지 말자.

3

우아한 리더는 끊임없이 도전한다

또 다른 DNA '하존'의 탄생. 헤세드에듀 12년 차에 접어들면서 신사업 브랜드를 런칭하는 과정을 이야기해 보려 한다. 피봇팅(Pivoting)이라는 용어가 있다. 이는 사업체의 인적 구성이나 기본적인 핵심 기술에 변화를 주지 않으면서 사업의 모델이나 전략을 전환하는 것을 의미한다. 피봇팅은 주로 경영학과 스타트업 환경에서 사용되는 개념이다. 이것은 시장의 변화, 고객의 피드백, 새로운 기회 또는 기존 전략의 한계 등을 고려하여 이루어진다. 한마디로 기업이 생존하고 성장하기 위한 전략적 움직임이라고 할 수 있다.

나는 경영학을 전공하지 않았고 제대로 공부한 적도 없다. 하지만 나의 절박함과 필요로 경영학 관련 책 사랑에 제대로 빠져들었다. 경영학 책들을 읽으면서 놀라웠던 것은 실제로 사업하면서 부딪치는 수많은 문제를 앞서간 선배들이 경영학 이론으로 정립해 놓은 것이었다. 물론 이론이 사업 자체를 진행하는 것은 아니었지만 전 세계 수많은 사업가 역시 나와 같은 문제를 고민하고 있다는 데 동질감을 느꼈다. 그래서 나는 세상 딱딱한 학문인 경영학을 사랑하게 되었다.

헤세드에듀 12년 만에 하나님께서 또 다른 귀한 브랜드, '하존'을 주셨다. 히브리어 '하존(חזון)'은 환상과 계시를 의미한다. 이것의 브랜딩을 숙고하며 세워 가는 과정에서 수많은 진통이 예상된다. 새롭게 세상과 눈 맞춤을 시작할 브랜드를 잉태하는 일은 열정을 다해 미칠 수 있는 일이어야 한다. '불광불급(不狂不及), 미치지 않으면 이룰 수 없다.' 바야흐로 헤세드에듀는 피봇(Pivot)할 때다.

하지만 이렇게 야심 차게 마음은 먹었어도 고민과 방황은 계속되었다. 사업의 생태계는 직접 경험하지 않으면 알 수 없는 길이다. 새로운 길에 첫발을 내딛는 순간부터 리스크와 비용이 끊임없이 발생한다. 하존은 서판교의 유동 인구가 많은 상가 건물에서 시작되었다. 헤세드에듀는 12년 간 B2B 비즈니스에 주력해 왔으나 현장 수업과 교육 경험이 부족한 상태였다. 서판교에 자리 잡은 하존 교육관에서 우리는 학부모를 만나고 학생들을 가르치며 소중한 경험을 쌓는 과정에 있다.

소자본으로 결국 해내는 여성창업, 콘텐츠가 답이다!

하존은 영어가 아닌 한글 문해력 교육을, 유·아동이 아닌 초등 고학년부터 중학교 과정에 집중하도록 설계되어 있다. 그러나 내로라하는 기존 학원들이 이미 자리 잡고 있어서 학원 운영은 예상보다 쉽지 않았다. 현재는 최선을 다해 학생들을 교육하는 동시에 교회 주중 학교와 시니어 사업 등 새로운 가능성을 지속해서 모색하고 있다. 그리고 치열한 고민 끝에 서초 사랑의 교회와 협력하게 되었다. 교회 주중 학교에서 헤세드에듀와 하존의 콘텐츠가 메인으로 사용되기 시작했다. 이는 일반 영어 학원이나 사립, 국제학교와는 다른 새로운 환경에서의 도전이다. 지난 10월에는 1기를 성공적으로 마쳤고 얼마 전 2기에는 내가 직접 강사로 참여하였다. 1기와 2기의 반응은 매우 긍정적이었다. 헤세드에듀와 하존 콘텐츠는 2025년 한 해 동안 사랑의 교회 주중 학교의 메인 커리큘럼으로 채택되어 운영될 예정이다.

헤세드에듀의 피봇팅의 행보는 여기서 멈추지 않는다. 얼마 전부터 주간보호센터와 노인복지센터에서 우리 회사 교구에 관심을 보이기 시작하였다. 교구를 활용한 움직임은 손의 미세 감각을 체험할 수 있고 표현력 및 창작 능력을 향상한다는 연구논문이 다수 발표되면서 시니어 관련 센터들이 우리 교구의 채택을 고려하게 된 것이다. 지금까지는 교구와 교재를 오직 세트로만 판매해야 한다고 생각했는데 이러한 고정관념을 조금씩 깨는 계기가 된 것이다. 이미 초고령화 사회로 치닫고 있는 우리나라에서 시니어 대상 시장은 매우 매력적인 영역이다. 현재는 시니어 주간보호센터 운영자들과의 미팅을 통해 시장 진입 방안을 매일 고민하는 과정이다. 하존을 런칭하며 다양한 사업을 조사하고 타당성을 검증하는 과정은 여전히 진행 중이다. 이처럼 미지의 영역을 개척하는 것은 누구에게나 막연하고 두려운 일일 것이다. 그러나 끊임없이 도전하며 우리만의 해답을 찾아가는 것이 진정한 사업가의 자세라고 생각한다.

10년 동안 교육 현장에서 다양한 경험을 쌓았다. 이후 콘텐츠 회사를 운영하면서 콘텐츠를 구체화하고 개발해 소비자와 만나 왔다. 그러면서 그들의 니즈를 항상 최우선으로 생각하며 하루하루를 일궈 왔다. 어느 날 한 번도 겪어 보지 못한 팬데믹 이후 스스로 큰 질문 한 가지가 무거운 부담으로 다가왔다. '이제 어디로 가야 하지?' 더 솔직히 말하자면, '어떤 새로운 비즈니스 모델(Business Model)을 개발해 세상에 다시 노크해야 할까?' 하는 고민이었다.

신사업을 기획하면서 가장 많이 기도했던 부분은 만남의 축복이었다. 헤세드에듀의 사업처럼 내가 많은 부분의 주도권을 갖고 가기에는 이미 누적된 업무량이 많았다. 하존의 신사업에서 하나님이 주신 가장 큰 만남의 축복은 하존을 이끌 총괄팀장을 만난 일이었다. 2023년 3월, 엄마의 충격적인 의료사고를 겪으면서 출석하는 교회의 교회학교 교사 공백이 3개월

간 지속되었다. 지금 하존의 총괄팀장은 나를 대신해서 우리 반 아이들을 맡아 지도했던 교회 성도였다. 우연한 기회에 헤세드에듀 기도 제목을 보고 함께 기도하고 싶다며 우리 회사가 어떤 회사인지 물어 왔다. 나는 선뜻 우리 회사에 한번 놀러 오라고 가볍게 말했다. 그날부터 시작된 우리의 만남은 축복이 되었다. 팀장은 당시 타 회사에서 근무하고 있었기 때문에 헤세드에듀에서 임시로 시간제로 일을 시작했다. 이후 기존에 다니던 회사에서 퇴사하고 헤세드에듀에 정규로 합류하면서 치열하게 신사업을 검토하고 기획했다. '큐레이션'이라는 단어에서 시작한 지금의 '하존 코칭 랩'은 4년간의 몸부림 끝에 탄생된 헤세드에듀의 새로운 희망 씨앗이다.

하존 코칭 랩의 방향성은 명확했다. 신문지상에 〈'국가소멸' 다가온다… 2024년 출산율 0.6 명대 눈앞에〉라는 기사를 자주 접한다. 다시 말하면, 인구절벽의 시대에 영유아 대상 사업은 완전 직격탄이라는 뜻이다. 인구절벽의 폭풍을 헤세드에듀 역시 피해 갈 수 없었다. 매출은 계속 줄어들었다. 이제 신사업은 옵션이 아니라 지속 가능한 회사를 만들어 가는 필수 요건이 되었다.

신사업은 그렇게 진행되었다. 신사업에 필요한 자금도 케이 그라운드라는 벤처 캐피털 회사에서 'IP 펀드'로 5억 원의 투자 유치에 성공하게 되었다. 지금 생각해 보아도 신사업을 피봇팅하는 데 있어서 대표라면 사업 자금의 펀드 유치를 최우선으로 준비해야 한다. 그래야 사업을 지속해서 진행할 수 있다.

    지금까지는 첫 번째 비즈니스 모델에 모든 것을 다 쏟아부어 왔다. 내 안에 뭐가 더 남아 있을까. 헤세드에듀는 내가 10년 동안 교육 현장에 있던 경험을 토대로 만들어진 브랜드이다. 그러나 그다음 모델은 어쩌면 내가 '경험해 보지 않고 학습해 본 적이 없는 모델로 가야 한다.'라는 막연한 의무감과 두려움이 있었다. 헤세드에듀의 사업 모델과 전혀 다른 길을 가겠다는 이야기는 아니다. 경기할 때처럼 한 발을 유지하면서 다른 발은 반대로 돌아보자는 이야기다. 지금까지 걸어온 길에서 다른 발은 또 다른 진주를 찾아내야겠다는 결의이다. 새로운 피봇팅을 할 신사업에 관한 갈급함은 차고 넘치지만 내가 경험하지 못한 새로운 영역으로의 도전에는 깊은 통찰이 필요하다. 그래서 비싼 레슨비를 내고 컨설팅을 받기도 했다. 하지만 결론은 대표인 나 스스로가 먼저 준비되어야 하고 방향성의 키를 잡아야 한다. 또 다른 페르소나가 되어 줄 콘텐츠를 생산하기 위해 저 깊고 깊은 콘텐츠의 바다로 들어갈 용기를 내면서 말이다.

아이에게 가르쳐야 할 중요한 인생 공부

아이를 키우며 나는 수많은 깨달음을 얻었다. 그중 가장 중요한 교훈은 부모의 말이 아이의 무의식에 새겨져 평생을 좌우한다는 것이다. 이 글을 읽는 여러분에게 나의 진솔한 이야기를 전하고 싶다. 부모로서 아이에게 어떤 말을 건네야 하는지 고민하며 보낸 시간이 여러분에게도 공감이 되기를 바란다.

어렸을 적 엄마는 내게 "너는 왜 그리 서툴고 느리니?"라는 말씀을 종종 하셨는데 그것이 늘 내 마음에 남아 있었다. 자존감이 부족한 아이로 자란 나는 누구에게 인정받지 않으면 안 되는 불안한 상태였다. 그때는 몰랐지만, 어릴 적 받은 말들은 평생 내 안에 무겁게 자리 잡고 있었다. 그 경험은 나에게 부모의 말이 얼마나 중요한지를 깨닫게 했다.

부모가 아이에게 건네는 한마디가 그 아이의 미래를 어떻게 바꿀 수 있는지 알기에 나는 내 아이에게 진심 어린 말만을 전하려 했다. 아이가 친구와 다투었을 때 나는 단순히 "괜찮아."라고 말하는 대신, "너도 그럴 수 있지. 지금 기분이 어떠니?"라고 물었다. 이는 단순한 위로가 아니다. 아이가 자신의 감정을 이해하고 받아들이며 성장할 수 있도록 돕는 것이다. 감정을 다스리는 법은 책으로 배우는 것이 아니라 누군가와 함께 그 순간을 공유하며 배워 나간다.

아이와 감정을 함께하는 순간은 단순히 위기를 해결하는 것이 아니라 부모와 아이 사이의 깊은 신뢰를 쌓는 중요한 시간이다. 실패나 실망에 빠졌을 때 내가 아이에게 "엄마도 네가 얼마나 속상했는지 알아. 그리고 네가 얼마나 열심히 했는지 나는 다 알고 있어."라고 말했던 날이 있었다. 그날 아이는 눈물을 닦고 나를 보며 미소를 지었다. 공감은 잔소리나 조언보다 훨씬 강력하다.

아이에게 전하는 말에는 긍정의 힘이 있어야 한다. "너는 결국 해낼 거야. 나는 믿어."라는 말이 반복될수록 그것은 아이의 마음속에 뿌리내린다. 반대로 부정적인 말이 얼마나 오랫동안 상처로 남는지도 잘 안다. 어른이 되어서도 자신에 대한 의심은 쉽게 사라지지 않기 때문이다. 아이의 감정이 격해졌을 때는 조언보다 먼저 이해가 필요하다. "지금 많이 힘들구

나. 누구라도 그럴 수 있어." 하며 아이의 감정을 인정해 주는 순간 아이는 비로소 자신의 마음을 표현하기 시작한다. 이런 경험이 쌓이면 아이는 스스로 감정을 다스리는 법을 배울 수 있다. 공감을 통해 배운 감정 조절은 인생에서 큰 자산이 된다.

나는 아이가 잘못했을 때 다그치기보다는 함께 원인을 찾아보고 해결책을 이야기하는 부모가 되려 노력했다. 잘못을 혼내기보다는 그 속에 담긴 아이의 마음을 이해하는 것이 중요하다고 믿는다. 아이의 마음을 이해하고 조건 없이 사랑하는 부모야말로 자녀에게 가장 큰 힘이 되어 준다. 무조건적인 사랑은 아이를 단단하게 하고 어떤 어려움 속에서도 주저앉지 않게 하는 보호막이 될 것이다.

부모로서 매일 고민한다. 어떻게 하면 아이의 하루가 더 행복할 수 있을까? 어떤 말을 해 주어야 아이가 자신을 더 믿을 수 있을까? 그 답은 결국 아이에게 전하는 따뜻하고 진심 어린 부모의 말에 있다. 부모가 항상 자녀의 편에 서 있다는 믿음은 아이가 세상을 더욱 당당하게 마주할 수 있도록 돕는다.

"사랑하는 내 아이야, 너의 마음속에 부모의 말이 단단한 뿌리로 자리 잡고 있다는 걸 잊지 말았으면 한다. 그 뿌리가 단단할수록 인생의 어느 순간에도 너는 흔들리지 않을 거니까. 휘몰아치는 사춘기의 폭풍 속에서도, 삶의 시련 앞에서도, 나는 항상 네 뒤에 있을 거란다. 너의 이야기를 듣고 너를 이해하며 언제나 너의 편이 되어 줄 거야. 너는 특별하고 소중하며 무엇보다도 사랑받을 자격이 있는 존재란다."

"세상은 때로는 불공평하거나 어려운 시험을 줄 수 있단다. 하지만 그 순간에도 부모가 준 긍정의 메시지와 무조건적인 사랑을 떠올리며 앞으로 나아가기를 바란다. 어떤 순간에도 자신을 믿고 그 믿음 속에서 진정한 힘을 찾기를. 나는 언제나 네가 걸어가는 그 길에 빛나는 가로등이 되어 너의 걸음걸음을 비춰 주리니."

소자본으로 결국 해내는 여성창업, 콘텐츠가 답이다!

5

이유 없이 사랑하라

사업을 시작한 지 어느덧 12년이 되었다. 그동안 숱한 어려움과 성공의 순간들이 교차했지만, 이 여정을 돌아보며 깨달은 가장 큰 진리는 단순하고도 강력하다. 바로 자기 자신을 사랑하고 믿어 주는 힘이야말로 더 멀리, 더 오래 사업을 끌어 나갈 수 있는 원동력이라는 사실이다. 리더로서의 자리는 많은 이들에게 책임과 신뢰를 주는 자리이지만, 그 무게를 감당하기 위해서는 자신을 깊이 이해하고 사랑하는 것이 얼마나 중요한지 절감하게 된다.

리더는 매일 수많은 결정을 해야 한다. 어떤 날은 그 결정의 무게가 너무 커서 두려움이 앞설 때도 있다. 때로는 한 가지 결정을 내리지 못하고 주저할 만큼 결정 장애를 겪기도 한다. 이런 상황에서 스스로 자신의 결정을 신뢰하지 못하면 다른 사람들의 의견에 과도하게 의지하게 되고, 결국 배가 산으로 가는 상황을 맞게 되기도 한다.

중요한 프로젝트에서 결정의 순간을 앞에 두고 내부와 외부의 기대가 모두 나를 향해 있던 많은 경험이 있다. 그 압박감은 상상을 초월했고 밤잠을 설친 날들로 이어졌다. 하지만 그러한 순간 속에서 나를 지탱해 준 것은 바로 나에 대한 무조건적인 사랑과 믿음이었다. 스스로에 대한 신뢰가 없었다면 나는 타인의 목소리에 휘둘리고 나아갈 방향을 잃었을 것이다.

조건 없는 사랑의 연습과 습관은 내면을 단단하게 만든다. 특히 자기 자신과의 화해와 용서 그리고 자기 보살핌은 리더십의 근육을 키우는 데 핵심 요소이다. 우리는 자주 지나친 자기비판에 빠지곤 한다. 프로젝트의 작은 실수나 결정에 대해 자신을 가혹하게 비판하는 일이 잦다. 그러나 한 발짝 물러서서 생각해 보면 완벽하지 않은 모습도 나의 일부이다. 오히려 실수를 통해 성장할 기회를 얻는다고 믿을 때 실패에 대한 불안이 줄고 한층 더 노련한 결정을 내릴 수 있다.

결정을 내릴 때 자기 신뢰를 회복하기 위한 진솔한 대화가 필요하다. 나는 얼마나 나를 믿고 있는가? 진정으로 내 결정을 신뢰하고 있는가? 이러한 질문들은 나를 더 강하게 만든다. 회사의 리더로서 내리는 결정은 종

소자본으로 결국 해내는 여성창업, 콘텐츠가 답이다!

종 많은 이들의 운명과 직결된다. 그럴 때일수록 자기 신뢰가 흔들리지 않도록 다지는 것이 중요하다. 자기 신뢰가 확고할 때 비로소 주변의 의견을 조화롭게 수용하고 균형 잡힌 결정을 내릴 수 있다.

리더는 타인의 의견을 경청하고 존중해야 하지만 그에 앞서 자기 존중과 자기 신뢰가 기본이 되어야 한다. 자신을 존중하지 않는 리더는 타인에게도 그 존중을 기대하기 어렵다. 이를 위해 나는 매일 아침 자신에게 긍정적인 말을 건네고 성공 여부와 상관없이 나를 지지하는 시간을 가지려고 노력했다. 또한 복잡한 상황에서도 몸의 필요에 귀를 기울이며 간단한 스트레칭이나 깊은 기도를 통해 정신적 평안을 갖는다. 이러한 적은 노력이 쌓여 중요한 결정을 내릴 때 한결 마음이 여유로워짐을 느낀다.

한번은 회사의 중요한 계약이 파기될 위기에 처했을 때였다. 당황과 불안 속에서도 스스로에게 웃음을 지어 보였다. 이는 단순한 제스처였지만 때로는 미소가 기쁨의 원천이 된다는 말처럼 내 마음을 다잡는 강력한 에너지가 되었다. 그 미소는 나 자신을 향해 보내는 무언의 지지이자 회사의 모든 직원에게 보내는 안심의 신호였다.

리더십은 혼자만의 몫이 아니다. 그러나 그 시작은 자기표현에서 비롯된다. 자신의 진짜 모습을 숨기지 않고 드러낼 때 직원들은 그 안에서 신뢰를 느낀다. 내면의 불안과 두려움도 인간적인 모습으로 인정하고 솔직하게 표현할 때 사람들은 더 깊이 공감하고 따른다.

결국 사업을 하며 깨달은 가장 큰 진리는 인간 행위의 많은 부분이 근원에 '사랑'을 두고 있다는 것이다. 이 사랑은 타인과의 관계 이전에 가장 중요한 나 자신과의 관계에서 시작된다. 나를 위한 즐거움과 행복을 잃지 않는 것은 리더로서의 건강한 삶을 유지하는 데 필수적이다. 일을 사랑하지만, 그것이 전부가 아님을 알고 나 자신을 위한 시간도 소중히 여겨야 한다.

외부 요인에 휘둘리지 않고 조건 없는 사랑과 이유 없는 행복을 실천하기 위해 오늘도 노력한다. 삶에서 가장 중요한 관계는 나 자신과의 관계이다. 그 관계가 단단할수록 타인에게 더 큰 사랑과 긍정적인 영향을 전할 수 있다. 리더십이 궁극적으로 지향하는 바는 타인에게 긍정적인 영향을 미치는 것이다. 그리고 그 시작은 언제나 내 안에서 비롯된다. 나 자신과의 충실한 관계야말로 세상을 사랑으로 채우는 첫걸음이다.

소자본으로 결국 해내는 여성창업, 콘텐츠가 답이다!

6

사랑으로 성공하는 삶을 살아가고 싶다

무엇이 성공인가(What is success)

− 랄프 왈도 에머슨 −

자주 많이 웃는 것,

현명한 사람들로부터 존경받고

아이들로부터 사랑받는 것,

정직한 비평가들의 찬사를 얻고

거짓된 친구들의 배신을 견뎌 내는 것,

아름다움의 가치를 알며,

다른 사람들의 가장 좋은 점을 발견하는 것,

세상을 조금이라도 더 나아지게 만드는 것,

건강한 아이, 조그만 정원, 또는

개선된 사회 환경에 의해,

당신의 삶으로 인해 어느 한 사람이라도

더 나은 삶을 살 수 있다는 것을 알 때,

그것이 곧 성공이네.

오늘도 선물처럼 주어진 하루하루의 삶이 경이롭고 감사하다. 인생의 굴곡을 많이 넘어온 지금, 비로소 나다운 글을 쓸 수 있을 것 같다. 쇼팽의 피아노곡이 뭐든 써 보라고 이야기를 건넨다. 소박하지만 진실한 이야기를 쓰고 싶다. 쇼팽과 단 한 번이라도 대화를 나눌 수 있다면 얼마나 좋을까. 그가 살았던 시대에 태어나는 것도 좋겠다. 신께 부여받은 고귀한 창의성으로 서정적인 피아노곡들을 작곡한 쇼팽의 마음을 헤아리고 싶다. 그의 고민과 고독에 대해서도 담소를 나누고 싶다.

이제는 고집스럽지 않게 살아가고자 한다. 고집스러운 에고를 등에 업고 살기엔 버거운 나이가 되었고 원래의 나다움을 회복하고 싶어졌다. 세상이 말하는 행복이라는 규격화된 틀에 인생을 구겨 넣고 싶지 않다. 행복은 찾거나 노력하는 것이 아니라 항상 존재하는 것이어서 알아차리는 것이 전부인 것 같다. 생각해 보면 여전히 삶이란 경이롭지 않은가?

소자본으로 결국 해내는 여성창업, 콘텐츠가 답이다!

비록 삶이 우리를 속이고 생채기를 내 아프게 할지라도 이미 살아 내고 있는 오늘도 그 아픔을 친구처럼 가슴에 품고 살아간다. 이제 인생의 중간 어디쯤 온 것 같다. 지금, 이 순간에도 내 인생은 생방송 되고 있지만 앞으로 그 방송을 위해 몇 회 분량의 스크립트를 더 작성하게 되는지 아무도 모른다. 애초에 이 땅에 오기로 한 시간을 모르고 태어난 것처럼 다시 본향으로 돌아가는 시간은 오직 하나님만 아시는 일이지 않은가. 그것을 알려고 애쓰지 않아도 된다. 하지만 나는 묻는다. 왜 나는 시인이 되고 싶은가? 왜 나는 글을 쓰고 싶은가? 왜 나는 세상의 많은 지적 유산에 관해 알고 싶은가? 왜 나는 어릴 적 쇼팽의 음악에서 느낄 수 없던 경이로움을 이제야 느낄 수 있는 것인가?

매일의 삶이 왜 그리 치열했는지 내일의 행복만을 기대하며 살아왔다. 항상 스스로에게 내일만 약속했다. 오늘은 고단해도 내일은 행복하리라 다짐하면서. 나에게 매번 행복할 거라 약속한 내일은 언제 오는 걸까? 이제 자신도 믿지 않을 내일이 오늘이 되기를 바라며 '오늘 행복하자.'

이제는 어렴풋이 나의 삶을 좀 더 자세히 들여다보려 한다. 그리고 말해 주고 싶다.

"다 괜찮아."

"이제 알잖아. 세상에는 너무 좋은 것도 너무 나쁜 것도 없다는 것을."

매주 토요일은 엄마와 하루 종일 데이트한다. 어린 시절 기억하는 엄마의 모습은 세상에서 가장 따뜻하고 가장 지혜로운 존재였다. 1년 전, 엄마에게 불현듯 찾아온 의료사고가 있었다. 무릎 인공관절 수술 도중에 의사의 실수로 오금 동맥을 절단하는 큰 사고였다. 생과 사의 갈림길에서 네 번의 큰 수술을 엄마는 이겨 내셨다.

마침내 엄마는 팔십 평생 가까이 동고동락해 온 오른쪽 다리를 떠나보내야만 했다. 불과 작년의 일인데 지금 생각해 보면 아주 까마득하다. 매일매일 병실을 지키며 눈물로 기도했던 고통스러운 밤들이 내 머리를 스치고 지나간다. 평소 여행도 좋아하고 활동적이었던 엄마는 거의 집에서만 생활한다. 엄마를 위해 일주일 중 가장 소중한 토요일을 비워 둔다. 토요일은 엄마의 위로가 되어 주고 싶어서 'with my mom day'로 삼았다.

엄마는 가끔 이렇게 말씀하신다. "의료사고로 오른쪽 다리는 잃었지만, 우리 사랑하는 큰딸과 이렇게 매주 시간을 보내니 참 행복하다." 이렇게 시간을 낼 수 있었는데 뭐가 그리 분주했는지 엄마와 함께할 시간을 자주 가지지 못했다.

요즘에는 하고 싶은 것을 조금씩 하고 살려고 노력한다. 성경책을 깊이 읽기도 하고 동시에 랄프 왈도 에머슨의 『자기신뢰』에 심취하기도 한다.

소자본으로 결국 해내는 여성창업, 콘텐츠가 답이다!

밤이면 어느 가수의 사랑 노래를 들으며 내 안에 근육처럼 자리 잡은 긴장감을 풀려 애쓰고 있다. 구속되고 묶여 있는 내가 아닌 무한한 가능성의 나 자신과 만나고 있다. 오랜 속박에서 벗어나 진정한 나답게 춤출 수 있도록 말이다.

세상의 박수 소리에 귀 기울이지 말자. 살아야 해서 일을 하기보다는 마리아 몬테소리가 만든 작품처럼 아이들의 깊은 내면까지 만질 수 있는 일을 하고 싶다. 가장 귀한 것들로 채워 주시는 창조주 하나님을 더욱 신뢰하며 거듭난 새로운 나 자신을 더욱 사랑하고 싶다. 본향으로 초청되는 순간이 오더라도 삶 자체를 경이롭게 느끼고 감사히 살았다고 고백하고 싶다.

늘 같은 모습으로 품어 주는 자연에 감사하며 새벽에 눈이 떠지는 기적에 감사한다. 시간이 허락된다면 옛 고전들을 많이 읽고 고전이 전하는 지혜를 배우며 살아갔으면 좋겠다. 그리고 사랑하는 성경책을 늘 묵상하면서 생활하고 싶다. 깊이 공감하고 위로하며 이야기를 나눌 수 있는 친구와 끝이 없는 서사들을 더 많이 나누고 싶다. 나는 지금껏 나를 찾기 위해 그동안 많이 애썼으니까.

오늘도 나를 너무 다그치지 말고 좀 봐주며 숨 쉬게 해 주자. 그래야 살 수 있으니 말이다. 아이들에게 가장 좋은 것을 주고 싶어 하는 엄마의 마음으로 시작한 일이 언제부터인가 수많은 그물로 나 자신을 가두고 있는 것은 아닐까, 이 그물 밖으로 나갈 수는 있을지 하는 걱정스러운 마음이 들기도 한다. 이제는 스스로 짜 놓은 촘촘한 그물망을 조금은 느슨하게 풀어서 그 안에서라도 자유롭게 헤엄치며 살고 싶다.

쇼팽은 오늘도 아무것도 강요하지 않는다. 자신의 음악으로 세상을 바꾸리라는 마음도 없어 보인다. 하지만 쇼팽은 이야기하고 있지 않은가. 자신의 곡들은 만들어진 것이 아니라 하늘에서 쏟아진 것을 피아노 위에 펼친 것이라고. 나는 이 밤도 기도한다. "하나님 아버지, 저에게 주신 창의성 가득한 달란트가 오늘도 경이롭게 표현되고 실현되어 세상의 많은 아이들이 진정으로 자유로울 수 있는 도구가 되도록 허락하소서." 오늘도 날카로운 감각 지도를 가지고 여행을 떠난다. 만나는 모든 모티브가 현실이 되고 세상에서 실현되게 도와달라 기도하면서. 나는 수족관에서 바다로 돌아가기를 꿈꾸는 돌고래처럼 드넓은 바다를 하염없이 꿈꿔 본다.

소자본으로 결국 해내는 여성창업, 콘텐츠가 답이다!

우아한 CEO의 숨은 조력자, 가족

저 푸르고 푸른 제주 바다에는 우아한 해녀들의 아름다움이 가득하다. 그들은 자신의 호흡에 의지해 맨몸으로 해수면을 오가며 물질을 한다. 나이가 지긋한 할머니 해녀들이나 이제 막 입문한 어린 해녀들 모두 물질을 시작하기 전에 흥겨운 노래를 부른다. 그 노랫소리는 참으로 우아하여 때론 슬프게 들리기도 한다. 해녀들을 하나로 묶는 의식 같은 그 소리는 세월을 이야기하는 할머니 해녀의 어깨춤과 어우러져 더욱 깊은 감동을 준다.

평생을 물질해 온 할머니 해녀들도 여전히 물 숨은 쉽지 않다. 변화무쌍한 바닷속에서 살기 위한 기술을 몸으로 익힌 할머니 해녀의 물 숨은 진정으로 우아하다. 그녀들은 어린 해녀들에게 신신당부한다. "자신의 물 숨을 잘 알아야 한다. 바다에서 버티려 가물지 말고, 나올 때를 알아야 해." 자식들의 학비를 벌기 위해 깊은 바다로 들어가 전복이나 값비싼 진주를 캐고 싶은 마음. 그러나 하늘은 해녀들의 애타는 마음을 나 몰라라 기적의 물 숨을 허락하지 않는다. 언제나 그렇듯 하늘은 물질 한 번에 허락한 물 숨만큼만 하라고 한다.

매일 우리는 경계선을 살아간다. 자신의 물 숨이 어디까지인지를 조금씩 알아 가는 가운데 어느새 나도 중년의 길에 접어들었다. 이 길 위에서 또 무슨 생각이 이렇게 많은지. 아직도 물질을 해야 하고 저 깊은 바다에 들어가 진주를 캐고 싶은 마음이 앞선다. 그때마다 들려오는 할머니 해녀의 목소리, "얘야, 너의 물 숨만큼만 하고 올라오너라." 그렇다. 나에게 우아함이란 자신의 물 숨의 한계를 알고 자만하지 않음이다. 동시에 여전히 저 푸르고 깊은 바다에 나 자신을 깊이 던질 수 있는 용기와 진주를 캐낼 때까지 버틸 수 있는 인내를 의미한다.

나의 이러한 우아함은 어디서 오는 것일까. 그 힘은 가족에게서 온다. 사업하는 아내와 엄마를 둔다는 것은 가족들의 희생과 어려움의 감내가 요구되는 것이다. 이제 내 우아함의 원천인 가족에 대해 이야기를 해 보려고 한다.

결혼 당시 남편은 미국 회사 썬 마이크로소프트에서 빅서버 팀 핵심 연구원이었다. 나는 남편이 안정된 직장에 좋은 연봉을 받는 것이 마음에 들었다. 결혼해도 경제적 어려움은 없을 거라 확신했다. 그러나 결혼 6개월 만에 남편이 한국으로 돌아가 사업을 하겠다고 했다. 청천벽력 같은 소리였다. 남편은 임신 6개월째인 나를 데리고 한국으로 돌아가서 사업을 시작했다.

남편이 사업을 한참 하고 있을 때 나도 사업을 하겠다고 선포했다. 남편은 사업이 얼마나 치열한 전쟁인지 알기에 극구 말렸지만 내가 의지를 꺾지 않자 나의 결연한 의지에 항복했다. 그리고 "그래, 중서 엄마는 잘할 수 있을 거야."라며 용기를 주었다. 가정에 사업가가 한 명만 있어도 힘들다고 했는데 우리는 부부 사업단이 되었다. 남편은 내 사업을 적극적으로 도와주고 가장 든든한 지원군이 되어 주었다. 집 안 거실뿐만 아니라 모든 공간을 쿨하게 양보해 주었다. 또 사업 선배로서 자기 경험을 바탕으로 언제나 사업 컨설팅도 해 주었고 좋은 네트워크도 많이 연결해 주었다. 무엇보다도 같이 사업을 하다 보니 우리 안에는 큰 공감대가 형성되었다. 남편은 사업의 파트너이자 동료이자 친구처럼 결코 이 길이 외롭고 힘들지 않도록 버팀목이 되어 주고자 했다.

하루는 어느 총판 사장님이 부산 전체 지역의 총판 권한을 달라는 연락을 해 왔다. 그분이 어떤 분인지 잘 모르는 상태에서 혼자 가기가 꺼려졌다. 바쁜 남편과 아이를 데리고 부산 출장을 갔다. 회사에 도착해 보니 어느 정도 규모가 있는 총판이었고 나쁜 사람 같지는 않아 보였다. 하지만 남편은 이분이 좀 이상하다며 조심하라고 했다. 나는 부산 지역에 우리 회사 제품이 많이 팔려서 하루빨리 정착되기를 바랐기에 급하게 계약서를 작성하고 싶었지만, 남편은 다시 생각해 보라고 했다.

총판 사장님은 점점 강한 태도로 무리한 요구를 하기 시작했다. 그러면서 우리 제품이 탐이 났는지 자기가 1억을 투자할 테니 전국 총판권과 지분을 달라고 했다. 초기 자본이 말라 있던 터라 1억이라는 자금이 들어온다면 숨통이 트일 텐데 하며 고민에 빠졌다. 남편은 사업가들에게 돈은 다 같은 돈이 아니라며 단호하게 거절하라고 했다. 아직 싹도 키우지 못한 초기 회사에 전국 독점 판매권이라니 그것도 10년이라는 긴 기간 동안, 말도 안 되는 요구였다. 1억이라는 돈이 크다면 크고 작다면 작은 돈이지만 이 돈으로 우리 회사를 통째로 핸들링하겠다는 속마음이 엿보였다.

나중에 그 사장님은 나를 거의 협박했다. 남편도 사업으로 정말 바쁜 나날을 보내고 있을 때였지만 총판 사장님과 진행하는 모든 미팅에 나와 동행해 주었다. 마지막 미팅에서 남편은 너무 화가 나서 완전히 판을 뒤집어 놓았다. 그 뒤로 그 사장님은 더 이상 나를 괴롭히지 않았다. 이 사장님과의 악연은 그렇게 무사히 끝이 났다.

소자본으로 결국 해내는 여성창업, 콘텐츠가 답이다!

머나먼 길을 찾아 여기에 꿈을 찾아 여기에

괴롭고도 험한 이 길을 왔는데

이 세상 어디가 숲인지 어디가 늪인지

그 누구도 말을 않네.

사람들은 저마다 고향을 찾아가네.

나는 지금 홀로 남아서

빌딩 속을 헤매다 초라한 골목에서

뜨거운 눈물을 먹는다.

– 조용필, 〈꿈〉 –

이때 뭐가 그리 서러웠는지 조용필의 〈꿈〉이라는 노래를 혼자 많이도 흥얼거렸다. 나는 무작정 이 일이 좋아서 꿈을 찾아 여기까지 왔지만, 현실은 냉혹했고 어디가 숲인지 어디가 늪인지 알 수가 없었다. 그래서 든든한 지원군 역할을 자청하는 남편에게 늘 고맙다. 남편은 "그래, 자기는 평생 내 편이야. 다시 힘내서 싸워 볼게."라는 이야기를 자주 했다. 우리는 늘 그렇게 사업가인 서로를 안쓰럽게도 여기고 또 한껏 자랑스럽게도 여기는 부부가 되어 가고 있었다.

지방에 갈 때면 남편은 혼자 운전하고 가는 내가 불안하고 안쓰러워서 본인의 일정을 변경하고 운전사가 되기를 자청했다. 그리고 "최 사장님,

어디로 모실까요?" 하며 농담을 건네 한껏 긴장하고 있는 나를 웃게 만들곤 했다. 어릴 적 중서는 어디든지 엄마, 아빠와 같이 간다면 여행 가는 거로 생각하면서 즐겁게 따라다녔다. 하루 8시간 이상 운전해야 하는 날도 많았다. 전국에 있는 30개의 지사를 관리하면서 영업 지원과 교육을 진행했다. 지방과 지방을 넘나드는 힘든 일정이었지만 '가족 유랑단'은 그 속에서도 서로를 의지하며 행복을 잃지 않았다. 차 안에서 서로 끝이 없는 대화를 나누며 휴게실에서 라면과 떡볶이를 먹으면서 즐겁게 다녔던 추억이 이 글을 쓰고 있는 나를 미소 짓게 만든다.

비가 오나 눈이 오나 어디든지 갔다. 한번은 청주 교육 세미나를 가야 하는데 눈이 너무 많이 와서 도저히 운전할 수 없었다. 그날도 혼자 가겠다는 걸 남편은 기꺼이 운전사가 되어 주겠다고 했다. "중서야, 엄마 지켜야지." 하며 같이 가자고 한다. 중서는 아빠가 포켓몬을 사 준다는 말에 금세 얼굴이 밝아지며 따라나섰다. 가족은 언제나 나의 쉼터이자 피난처이고 돌아갈 마음속 스위트홈이다.

친정엄마는 아들 중서를 세상에서 가장 귀하게 키워 주셨다. 손주가 귀하지 않은 외할머니가 세상에 없겠지만, 친정엄마에게 진 사랑의 빚이 너무나 많아 글로 옮기려니 눈물부터 나온다. 엄마가 중서를 키워 주지 않으셨다면 나는 이렇게 사업가로 성공할 수 없었다. 우리는 미국에서 급하게 오느라 살 집을 마련할 수 없었고 우선 급한 대로 친정에 들어가서 살았다. 임신 6개월 때 한국에 와서 친정에서 아들 중서를 낳은 것이다. 친정 엄마는 중서를 아가 때부터 정말 헌신적으로 키우셨다. 최고로 좋은 재료들로 장을 봐서 이유식도 직접 만들어 주셨다. 어쩌면 나는 엄마에게 평생 갚을 수 없는 빚을 지고 있는지도 모르겠다. 그런 고마운 엄마에게 나는 아이를 낳고 6개월이 되었을 때 선포했다.

"엄마, 나 일하고 싶어 미칠 것 같아."
"그래, 능력 있는 잘난 우리 딸 일해야지. 엄마가 힘닿는 데까지 밀어줄게. 너의 꿈을 마음껏 펼쳐 봐."

엄마는 어릴 때부터 나에게 "우리 정화가 최고야, 최고." 하며 노래를 부르셨다. 할머니도 나를 재울 때면 "정화가 최고야, 최고." 하며 잠들기 예민한 나를 재워 주셨다. 중서에게 할머니의 존재는 그냥 친엄마와 다름없다. 어릴 때부터 중서는 아플 때 외할머니부터 찾았다. 왜냐면 할머니는 자신이 어디가 아픈지 금세 알아차리기 때문이었다. 그렇듯 중서에게 외할머니는 엄마나 다름없었다.

사업하는 엄마를 견뎌 내며 독립적으로 성장한 아들 중서는 어느덧 대학생이 되었다. 반듯하게 잘 자라 준 아들에게 참으로 고맙다. 바쁜 엄마를 배려하느라 학교에서 총회나 모임이 있을 때, "우리 엄마는 사업해서 못 온다."고 담임 선생님께 말하는 아이였다. "중서야, 엄마 갈 수 있어." "엄마, 오지 않아도 괜찮아. 내가 선생님께 이야기했으니까, 엄마는 일해." 때로는 정신없이 일하는 엄마로 인해 아이가 너무 빨리 철이 들어 버린 것이 속상할 때도 있다.

아들이 중학교 1학년 때 일이었다. 반 친구가 안경을 쓴 아들의 얼굴에 주먹을 날렸던 사건이 있었다. 그 아이는 학교에서 통제되지 않는 아이로 유명했는데 계속해서 아들에게 싸움을 걸어왔다는 것이다. 급하게 담임에게 연락이 왔다. 나는 하필 그때 교사 교육 중이었다. 연달아 몇 번의 전화가 와서 급하게 받으니, 아들이 눈을 다쳐서 빨리 와야 한다고 했다. 나는 남편에게 급하게 전화했고 남편은 바로 학교로 가서 아들을 데리고 안과로 향했다. 다행히 응급처치 이후에 일주일 정도 고생했지만, 아들의 눈은 완전히 치유되었다. 아들은 태어나면서부터 양쪽 눈에 사시가 있었다. 서울대 병원을 네 살 때부터 고등학교를 졸업할 때까지 다녔다. 여섯 살 때 수술하고, 초등학교 6학년 때도 두 번의 사시수술을 했다. 원래도 눈이 안 좋은 아이인지라 지금도 생각하면 간담이 서늘하다. 그럼에도 의젓하게 잘 참아 주고 잘 자라 주었다.

남편도 사업상 어려운 때가 참 많았다. 과도한 스트레스로 공황, 우울,

소자본으로 결국 해내는 여성창업, 콘텐츠가 답이다!

수면장애를 심하게 겪은 적도 있다. 가정도 그렇고 사업도 그렇고 아름다운 꽃길만 있지 않다. 때로는 세찬 비바람이 불 때도 있고 피할 수 없는 해일이 몰려올 때도 있다. 하지만 같이 울고 같이 웃고 같이 지켜 주는 것이 가족이다. 나는 오늘도 새벽에 출근하느라 남편과 아이의 아침상을 차려 놓고 새벽부터 연구실에 와서 일을 하고 있다. 남편과 아이와 아침을 함께 하지 못해 늘 미안하다. 특히 아들에게는 어릴 때 같이 많이 놀아 주지 못해 정말 미안하다. 항상 스트레스가 많다 보니 짜증도 부리고 화를 많이 냈던 시간도 남편과 아이에게 참 미안하다. 어느새 대학생이 된 아들을 보고 있노라면 그저 고맙고 대견하다.

만약 이 책을 누군가의 아내이고 엄마이고 또 사업가인 분들이 본다면 "모두 다 지나가더라."라고 위로를 건네고 싶다. 우리 모두 머나먼 길을 찾아 꿈을 찾아 사업이라는 용기 있는 도전을 하고 있다. 이 길은 결코 꽃길은 아니지만 어렵고도 험한 이 길을 가겠다고 엄마 사장은 매일 아침 출근을 한다. 때로는 어디가 숲이고 어디가 늪인지 그 길을 가 보지 않으면 알 수가 없지만 당신의 꿈을 결코 포기해서는 안 된다고 말해 주고 싶다. 아내이기 이전에 엄마이기 이전에 우리는 바로 우리 자신이어야 한다. 사업을 한다는 것은 계속해서 자아를 찾아 가는 지난한 작업이다. 그럼에도 우아한 사업가 여성 동지들을 항상 응원한다.

에필로그

✦

이 책의 첫 장을 시작으로 긴 여정을 걸어온 지금, 에필로그를 통해 이 여정을 마무리할 수 있게 되어 진심으로 감사한 마음이다. 인생의 첫 장을 써 내려가며 만난 수많은 사람과의 관계들이 오늘의 나를 있게 했다. 인생이든 사업이든 모든 것은 사람과의 깊고 얽힌 관계 속에서 이루어진다. 사람으로 인해 상처받고 괴로워하기도 하지만 그들로 인해 나는 행복하다. 그리고 그 모든 경험이 나를 더욱 나답게 만들어 주었다.

가장 중요한 관계는 바로 나 자신과의 관계라고 생각한다. 내면과의 친밀한 대화를 나누기 시작하면서 비로소 건강한 균형을 이루었다. 무엇이 바른 것인지 알려 주는 내면의 목소리는 항상 우리 안에 존재한다. 인생의 모든 여정에서 나의 든든한 버팀목이 되어 준 사랑하는 부모님께 깊은 감사의 마음을 전한다. 아버지께서는 어린 시절부터 가족을 위해 밤낮없이 헌신하셨고, 어머니께서는 늘 큰딸에 대한 무한한 믿음으로 지지해 주셨다. 또한 동생 정현과 일호는 언제나 든든한 지원군이 되어 주었다. 사랑하는 남편과 아들 중서의 존재는 에너지가 고갈되었을 때 나에게 무한한 에너지원이 되어 주었고 한결같이 안전한 울타리가 되고 있음에 감사하다.

소자본으로 결국 해내는 여성창업, 콘텐츠가 답이다!

사업을 시작하면서 하나님이 허락해 주신 수많은 인연이 머리를 스치고 지나간다. 사업 초창기부터 지금까지 늘 함께 콘텐츠를 만들어 온 내 최고의 연구원들 박현주, 조지현, 마틴 그레이그에게 감사의 마음을 전한다. 또한 창업 초기부터 지금까지 함께해 주신 멘토 조훈제 대표님, 조인제 의장님, 최재경 대표님께도 깊은 감사의 마음을 전한다. 이 책의 마무리 과정에서 생명력을 불어넣어 준 친구 김수연 작가에게도 진심으로 감사하다. 부족한 대표가 키를 잡은 항공모함에서 기꺼이 함께해 주고 있는 헤세드에듀 가족들에게도 감사와 사랑의 마음을 전한다. 함께 울고 웃고 생사고락을 나누며 함께해 준 헤세드에듀 가족들이 있기에 오늘도 힘을 내고 용기 있게 나아갈 수 있다. 그리고 지구촌 교회 유년촌에서 10년 넘게 함께해 준 친언니와 같은 고보견 목자님과 이임숙 목자님께도 진심으로 감사하다. 하늘이 허락한 소중한 이들의 도움 없이는 지금의 내가 있을 수 없었다.

이제 나는 새로운 장의 첫 줄을 써 가려고 한다. 나는 앞으로도 사람을 깊이 이해하는 사업가가 되고 싶다. 후회와 미련 없이 걸어온 인생이 어디 있겠느냐마는 벼랑 끝에서 살아남았기에 그것을 소중한 교훈 삼아 오늘도 앞으로 나아가고 있다. 그리고 지천명이 된 지금, 마음은 여전히 저 멀리 앞서가지만, 몸이 예전 같지 않음에 더욱 겸손한 자세로 사업에 임하라는 하늘의 명으로 알고 감사하면서 나아가고자 한다.

전 세계의 명작들은 모두 사람을 향한 이야기로 가득하다. 레오나르도 다 빈치의 〈모나리자〉, 파블로 피카소의 〈꿈〉 같은 예술 작품들이 사람의 본질을 담고 있듯이, 헤세드에듀도 언제나 사람을 중심에 두고 있다. 선생님들이 열정적으로 수업하는 모습을 보고 싶어서 교재와 교구를 하나하나 만들었다. 그리고 그 제품들 안에 아이들이 고사리 같은 손으로 아름다운 세상을 만들어 가길 바라는 마음을 담아 왔다. 이렇듯 사업은 결국 사람을 향한다.

인공지능 시대에 사람의 본질과 역할은 무엇인지 부모이자 교육자로서 묵직한 질문을 스스로에게 던지며 깊이 고민하게 된다. 앞으로 10년, 변화무쌍한 시대에도 흔들리지 않는 교육을 실천하고 싶다. 소중한 아이들을 지키면서 그들이 밝은 미래를 향해 나아갈 수 있도록 다리가 되고 싶다. 이 여정은 아직 끝나지 않았다. 새로운 도전과 꿈을 안고 사람을 향한 따뜻한 마음과 사랑으로 두 번째 장을 열어 가려 한다. 사회에 이바지하며 자신을 실현하고 죽을 때까지 성장하는 기쁨의 길에 여성 리더들이 동참해 주길 바라 마지않는다.

솔리 데오 글로리아(Soli Deo Gloria)! 이 모든 영광 하나님께 올려 드립니다.

12월 연구실에서.

헤세드에듀 대표 최정화